大久保智生・牧 郁子 編
Tomoo Okubo & Ikuko Maki

教師として考えつづけるための教育心理学

多角的な視点から学校の現実を考える

ナカニシヤ出版

はじめに

　現代日本では，家庭でも職場でも日々の生活や課題に追われています。時間が奪われると人から心の余裕が失われます。そうすると，何が起こると思いますか？　「面倒なことは避けたい」「偉い人が決めてくれればいい」……など，葛藤・判断することを避けるようになるのです。つまり，思考停止してしまうのです。

　今私たちが生きる社会では，このような傾向が全体的にあるように思います。こうしたなか現代の学校現場では，不登校・非行・いじめ・発達障害などの重篤な問題から，学級・課外活動での学習・人間関係の日常的問題など幅広い事象が存在し，それぞれの事象には多種多様な事例があります。

　換言すれば学校現場には，「○○が起こったときは，△△すればいい」というマニュアルが通用しないということでもあります。マニュアルが通用しない……ということは，個々の事例に関してその都度情報収集を行い，多角的視点から背景を推測し，よりよい方法について試行錯誤・判断しなければならない……ということでもあります。つまり教師は考えつづけることが必要であり，思考停止してしまっては務まらない職業なのです。

　一方，教育学部で，果たしてこの「考えつづける力」まで指導できているかというと，大きなクエスチョンが湧いてきます。教育学部のカリキュラムでは，教師になるために最低限必要な基本的知識・経験は，講義・演習・実習である程度養えますが，学校現場の視点からすると，こうした力はあくまで土台にすぎません。大切なのは，これらの基礎力を土台にして，現場の多種多様な事例に対して，試行錯誤ができるかどうか……ではないかと思うのです（正解をわかることではありません）。

　本書は教育学部で教鞭をとる2人の編者の，こうした問題意識から誕生いたしました。図1のように本書は，「第1部　教師の主な仕事」「第2部　児童生徒指導」「第3部　教育の今日的問題」「第4部　教師に関わる問題」から構成され，各部は学校現場における代表的なトピックに基づく章から成っています。

具体的には，第1部は学級づくり・授業づくり・保護者対応・学校行事・地域との連携といった，皆さんが教師になるとまず関わる仕事を中心に，第2部は教育相談・不登校・非行いじめ・学級の荒れといった，多くの学校現場で直面する可能性のある子どもの問題について，第3部は子どもの学習意欲・発達障害・子どもの社会性・道徳教育・キャリア教育といった，近年取り上げられることが多くなった教育課題を中心に，そして第4部は職員室の人間関係・教師のバーンアウト・幼小連携 小中連携・教員評価・危機管理といった，学校現場で直面する教師に関わる課題について，それぞれのトピックに造詣の深い研究者によって，執筆されています。

しかし，本書は他のテキストと違って，当該の問題を解決するための望ましい結論というものがありません。先述したように，学校現場の事例には「正解」はなく，その都度，試行錯誤しなければならないことが現実だからです。特定の結論がないかわりに，皆さんが各トピックをより多角的に考えられるための視点を，各章を担当する執筆者に複数提示していただきました（図2）。

具体的には当該トピックに関して，第1節で一般的に持たれやすい疑問を取り上げ，第2節ではその反証も含め，学校現場の現実を提示してあります。そして最後の第3節で，当該トピックに関わるさまざまな立場の考えを紹介し，

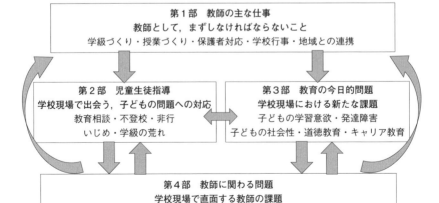

図1　本書の構成と各部の関連性

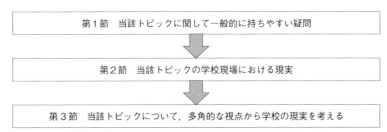

図2　章ごとの節の構成

　最終的な結論は，読まれているあなたが考える構成になっています。また読者の中には学生さんもいらっしゃることから，学校現場の現実をイメージしやすいように，実際に日々子どもたちに向き合っている現職の先生方を中心に，「コラム」という形でご参加いただいております。

　日本の学校現場では，幅広い事象や多種多様な事例が日々起こっているのが現実です。しかし，その一方で，学校現場こそが，子どもの頭・心・体を育て，これからの社会を担う人材育成の礎になることも現実です。本書に提示された多様な視点や現場の現実が，あなた自身の考えや判断をまとめる一助になりますよう，祈念しております。

編者を代表して

牧　郁子

目　　次

はじめに　i

1　教師の主な仕事

1　学級づくり ──────────────────────────── 2
1. 学級経営において教師が子どもに「寄り添う」ことは必要ですか？　2
2. 教師が子どもに「寄り添う」ことが必要とする視点に対する現実　3
3. 「寄り添い」の諸問題に対するさまざまな視点　5

2　授業づくり ──────────────────────────── 8
1. 教科書をもとに教師が何をするか考えておけば「良い授業」ができますか？　8
2. 授業づくりについて転換が求められている現実　9
3. 授業づくりについて転換を図っていく上で考える三つの視点　11
● コラム　授業づくりという探究　13

3　保護者対応 ──────────────────────────── 14
1. 保護者の意向はすべて尊重すればよいですか？　14
2. 教師と保護者の子どもの見方の「ズレ」　15
3. 教師と保護者の「ズレ」が生じる要因とその対応　17
● コラム　教師，保護者，子どもの思いを重ねること　19

4　学校行事 ───────────────────────────── 20
1. 学校行事を行えば学級はまとまるのですか？　20
2. 学校行事をめぐる現状　21
3. 学校行事のねらいを考える　23

5　地域との連携 ─────────────────────────── 26
1. 地域と協働すれば学校は良くなりますか？　26
2. 地域が学校を支援する取り組みの実態　27
3. 「協働」のゆくえ　29
● コラム　支援から連携，そして協働へ　31

2 児童生徒指導

1 教育相談 ———————————————— 34
 1. 教師に教育相談に関する知識や技法は必要ですか？　34
 2. 子どもを育み支える学校現場の現実　35
 3. 教育相談のさまざまな考え方と実践　37

2 不登校 ———————————————— 40
 1. 不登校になる「理由」はあるのですか？　40
 2. 不登校のきっかけ　41
 3. 多様化する支援　43

3 非行 ———————————————— 46
 1. 反社会的行為をする生徒には「毅然とした対応」をすべきですか？　46
 2. 反社会的行為をする生徒へのゼロ・トレランス方式の功罪　47
 3. 生徒への対応をとりまく問題への多様な視点　49

4 いじめ ———————————————— 52
 1. いじめは「ゼロ」にできるのですか？　52
 2. いじめの定義と現状　53
 3. いじめ問題を捉えるための視点　55
 ●コラム　いじめは多分なくならない。だからこそ　57

5 学校や学級の荒れをどう考えるか ———————————————— 58
 1. 学校・学級が荒れるのは児童生徒の規範意識が低いからですか？　58
 2. 「規範意識の低下」の現場の受け止め　59
 3. 〈向上〉を目指すアプローチと〈共有〉を目指すアプローチ　61
 ●コラム　学級の荒れと信頼関係　63

3 教育の今日的問題

1 子どもの学習意欲 ———————————————— 66
 1. 意欲的に取り組めば学業成績は上がるのですか？　66
 2. 学校現場における学習意欲への関心　67
 3. 動機づけと学業成績との関係　69
 ●コラム　授業中の子どもの意欲や行動，成績と教師　71

2　発達障害 — 72
1. 発達障害児に対する特別な配慮は「当たり前」ですか？　72
2. 「発達障害児に対する特別な配慮」という意見が通りにくい現実　73
3. 発達障害児への特別な配慮と学級集団の指導とを両立させる視点　75
- ●コラム　発達障害のある子を含めた通常学級における集団づくり（学級経営）で大事にしていること　77

3　子どもの社会性 — 78
1. 子どもや若者の社会性は低下しているのですか？　78
2. 教育現場における子どもや若者の社会性をめぐる問題の現実　79
3. 子どもや若者の社会性をめぐる問題を捉える視点　81
- ●コラム　子どもたちの社会性とは　83

4　道徳教育 — 84
1. 子どもを主体にして道徳授業を行えばいいのですか？　84
2. 学校における道徳の授業の現実　85
3. これからの道徳の授業　87

5　キャリア教育 — 90
1. キャリア教育は"やりたいこと"を見つけさせることですか？　90
2. キャリア教育の実際　91
3. キャリア形成のさまざまな視点　93

4　教師に関わる問題

1　職員室の人間関係 — 98
1. なぜ職員室の雰囲気は学校によって異なるのですか？　98
2. 職員室の雰囲気における現実　99
3. 職員室の雰囲気を形成する要因　101
- ●コラム　快適な職員室の雰囲気づくりのために管理職として心掛けていること　103

2　教師のストレス — 104
1. 日本の教師のストレスは深刻なのですか？　104
2. 指標は便利ですが，現実は多様　105
3. 実証的に教師ストレスの実態を探るための視点　107

3　環境の変化と学校適応 ──────────── 110
1. 子どもたちにとって環境移行を経験することは負担になるのですか？　110
2. 環境移行時における学校適応上の課題とその対策　111
3. 環境移行が負担になる子ども，環境移行によって救われる子ども　113

4　教員評価 ─────────────────── 116
1. 教員評価により教育の質は的確に測定できるのですか？　116
2. 教員評価による測定の実際　117
3. 教員評価を捉える二つの視点　119

5　学校の危機管理 ─────────────── 122
1. 学校の危機管理は，事件・事故への対応を前提としているのですか？　122
2. 学校危機への備え　123
3. 危機管理の実際について考えてみましょう　125
- ●コラム　防災を教える・防災で育む　127

おわりに　129
文　献　133
索　引　147

1

教師の主な仕事

学級づくり

弓削洋子

学級経営において教師が子どもに「寄り添う」ことは必要ですか?

　そもそも「寄り添う」とは何でしょうか。一般的には「ぴったりとそばへ寄ること」(広辞苑,2008)であり,物理的または心理的に近い関係や関わりをつくる意味です。担任教師として,学級の子どもたちとの物理的「寄り添い」も重要ですが(森下・松浦,2016),学級経営において重要なのは心理的「寄り添い」でしょう。

　教師の子どもへの「寄り添い」の重要性が言及されはじめたのは比較的最近のことです。前田ら(2013)は,CiNiiによって研究情報を検索し,1990年代中頃から教育領域において「寄り添い」を取り上げた研究が展開されはじめ,年々増加したことを示しています。また,1995年頃に不登校が社会的問題となり,2000年頃には発達障害児への支援に関する法令が定められました。さらに,日本の子どもの相対的貧困率は増加して約16%となっています(内閣府,2015)。見えにくい経済的問題を抱えた子どもへの心身面の支援が必要です。このような子どもの背景から,教師に「寄り添う」働きが求められるようになってきたと思われます。

　教師の学級経営や指導行動として,心理的「寄り添い」が学級場面で見られます。子どもの悩みを聞いてあげたり一緒に考えたり,励ましたりほめたり,あるいは学級のどの子どもにも平等に接したり,個々の子どもの特性に合わせて授業展開したりなどの働きかけです。教師の指導行動研究では,児童中心指導,間接的指導,集団維持機能という名称で呼ばれています。「寄り添い」行動を通して教師が子どもを一個人として認めることで,教師-子ども間に情緒的かつ対等な関係が形成され,その結果,子ども一人ひとりが認められて子ども同士も対等関係となり,子どもにとって学級は安心できる心理的居場所となり,学級適応感が高まります(e.g.,江村・大久保,2012)。

教師が子どもに「寄り添う」ことが必要とする視点に対する現実

　しかし，教師が子どもに「寄り添う」必要があるという視点に対して，教育現場の現実からは難しい面もあります。

　教師の多忙化　教師は多忙であり，子どもに「寄り添う」時間が取れないという視点です。

　2016（平成 28）年度小中学校教員の勤務時間は，正規の勤務時間 7 時間 45 分に対して 12 時間弱です。また，教師は教材準備の時間がとれない一方で，作成しなければいけない事務書類が多いことを悩んでいます。専門性の根幹である授業に関わる仕事の時間がとれないほど多忙なために，30 数名いる学級の子どもたち一人ひとりの様子をじっくり見たり声をかけたりする時間をつくるのが難しい可能性があります。子どもに「寄り添う」ことだけではなく，無理をしてすべての仕事をきちんと行おうとすると，時間上，また心身上ストレスが高くなり，疲れ切ってバーンアウトを起こす恐れがあると考えられます。

　「寄り添い」と感情労働　「寄り添い」そのものが教師に心理的負担を求める行為とする視点です。「寄り添い」は子ども個人の心情と教師自身の心情との相互交流となります。教師として自分の心情をコントロールし，子どもに配慮して関わる必要があります。つまり，期待される「思いやりのある教師」像に合うよう，教師自身の個人的心情や感情を管理することが求められます。このように個人的な感情を職務上統制して対人的に表出すること自体が仕事であり，成果を得る手段であることを感情労働といいます（Hochschild, 1983）。教師も子どもとの関わりのうえで成り立つ対人的職業であり，感情労働といえるでしょう。感情労働の職業は，個人の感情そのものを職務上の規範として統制されるため，本来の自分の感情と異なる感情を表出しなければならないことが多くなり，自己表出した感情と自分の実感との乖離が心理的負担となります。教師も子どもに「寄り添う」ことが本来の自分の感情と離れている場合，心理的負担がかかることが考えられます。

　教師は「ひきあげる」役割という視点　「ひきあげる」働きとは，子どもの学習面や社会性の能力・技術を伸長させる働きです。教師の指導行動研究では，教師中心指導，直接的指導，課題達成機能などの名称で呼ばれています。指導行動の例として，ルールを守るよう注意する，叱責する，授業のめあてや手

順など課題の詳細を指示説明する等があります。このように働きかけることで，教師が子どもに期待する学力や社会性の水準にまで子どもの能力を高めて，子どもの成長を促していきます。教師が子どもの能力を「ひきあげる」ことが子どもの進路などの将来にとって重要であり，したがって，「寄り添い」よりもまずは「ひきあげる」ことを優先して，教師は子どもをひきつける授業法を身につけて，子どもの学力や社会性をひきあげるという考え方もあります。ただし，「ひきあげる」働きを教師が実践するためには，教師が子どもに課題を要請しかつ評価することになり，評価する立場と評価される立場の上下関係が教師－子ども間で浮き彫りになります。その結果，学級の子ども集団内にできる－できない，態度が良い－悪いなど教師の評価によって階層関係が形成されます。このような関係は，教師の「寄り添い」による対等関係形成とは矛盾すること，換言すれば「寄り添い」と「ひきあげる」は矛盾するため，「寄り添う」のは難しいという考え方です。

なれあい学級化という視点　上述のように，「ひきあげる」働きは教師を含めた子ども間に階層関係をつくります。このとき，教師から肯定的に評価される子どもたちと，そうではない子どもたちの間に亀裂が生じ，子ども集団間の対立が生じます。このような分裂・対立を避けるために，教師が「ひきあげる」働きを抑制して「寄り添う」働きを重点的に行う学級経営が良いという考えもあります。教師の「寄り添い」は，上述のように，教師と子どもの間に心理的対等関係をつくりだす働きです。学級経営として考えた場合，教師は学級のいずれの子どもにも「寄り添う」ことで，学級のすべての子どもが心理的に対等関係に位置づけられて，分裂・対立がなくなります。学級全体がのびのびした雰囲気になるかもしれません。ただし，なれあい学級になる可能性もあります。教師が「ひきあげる」指導行動である，注意や明確な指示をしなくなると学級のルールが浸透せずに授業中私語が見られたり，係活動をしなくなったりするという問題です（e.g., 河村，2006）。加えて，教師の「ひきあげる」指導行動は，正解が明確な学習において有効であったり（e.g., Good & Grouws, 1977），学力の低い子どもの学力を高めたりする効果もあります（e.g., 小室，1954）。教師の「寄り添い」だけでは，子どもが難しい学習課題に挑戦しなくなる可能性も考えられます。

「寄り添い」の諸問題に対するさまざまな視点

　以上の諸問題への対応についてもさまざまな視点があります。

　チーム学校　学校全体で「寄り添い」を分担するという視点です。担任教師の多忙化への対応の一つとして，学級経営や学校運営における「チーム学校」の重要性が指摘されています。「チーム学校」とは，学校教育の複雑かつ多様な課題を解決するうえで，担任教師だけでなく，他の学級や学年の教師，管理職，さらにはさまざまな専門職が一つのチームとなって，役割や専門性を生かして連携・協働することです。このような取り組みは子どもへの「寄り添い」にも応用できます。担任教師と，スクールカウンセラーや養護教諭，あるいはスクールソーシャルワーカーが協力して「寄り添い」を分担し，子どもに関する心身や学力面・対人面の情報を共有・連携することで，多忙な教師への負担が軽減できます。加えて，多面的な子ども理解が得られ，学級の子どものさまざまな側面に「寄り添える」学級経営につながることが考えられます。

　「寄り添い」と「ひきあげる」を両立させる指導法　教師の「寄り添い」によって「ひきあげる」働きを支えるような指導法を実践することで，「寄り添い」と「ひきあげる」の双方を実践する視点です。教師が双方の指導行動を実施することで，子どもの学習意欲や学級内の対人関係評価が高まる効果が報告されています（e.g., 三隅ら，1977）。たとえば，学校生活になかなか馴染めない子どもは教師から受容的な「寄り添う」声かけをもらうことで，教師を信頼できるようになり，教師の注意など「ひきあげる」行動を肯定的に受けとめ，勉強をがんばるようになるという考えです。あるいは，教師が学習に関わる注意指示をしたときに子どもが示すさまざまな意見や反応に教師が受容的に「寄り添って」，子どもが納得できるかたちの学習内容になるよう調整して，子どもの学習意欲を高める実践もあります。

　教師が「寄り添わない」学級経営　そもそも教師の「寄り添い」は必要なのかという発想です。弓削（2009）は，小学校の学級観察や教師へのインタビューから，教師の子どもへの声かけとして，上記で述べてきた「寄り添い」や「ひきあげる」働きかけとは一見すると異なり，「教育的」なのか判断つかない指導行動がなされていることを指摘しています。頼ってくる子どもに教師が「自分で考えてやりなさい」と言ったり，自分で問題が何かに気づくまでずっと声

をかけないで待っているなどです。従来の指導行動研究では，これらの声かけは「放任」として子どもの学習意欲や社会性を低下させるといわれてきました。また，受容的ではないために「寄り添い」でもありません。しかし，これらの教師の働きかけで子どもが自分たちで積極的に課題に取り組む様子が観察されていたり（弓削, 2009），高学年教師はこのような行動は子どもの意欲と連帯感を高めるのに有効であると判断したり（弓削, 2012）しています。教師に子どもが依存する道筋を断つことで，子ども自身で考えざるをえないように課題を「突きつけ」子どもを「ひきあげる」契機をつくると考えられます。ただし，教師の「突きつけ」が「ひきあげる」働きをもつのは子どもが課題に関わる資源を備えていることが必要でしょう。

「学び合い」による学級経営　教師が「寄り添う」のではなく子ども同士の協同学習のなかで「学び合う」ことで，個々の学力を高めたり学級の連帯性を持たせたりする学級経営です。

学級集団における協同学習とは，学級の子どもたち全員が自分だけでなく同級生の成長を目標として協力する学習方法です。個別学習や競争学習に比べて協同学習は，子ども同士の相互作用を通して互いを高め合い認め合うなかで，学習意欲が高まるだけでなくコミュニケーション能力が向上するといわれています（杉江, 2007）。たとえば，小学校3年生の国語では一斉指導よりも協同学習の一つであるバズ学習形式の授業を受けたほうが子どもの成績が高いこと（杉江, 2007），小学校高学年の社会科では協同学習の一形式であるジグソー学習の導入によって，学級内の対人関係が改善したり子どもの自尊感情が向上したりすること（Aronson et al., 1978）が報告されています。学級の子ども全員が一つの学習活動を共有して助け合い「寄り添い合い」つつも刺激し合って主体的な個を育んでいくことを目指す，学級経営の視点といえるでしょう。

■ **考えるための読書案内**
木村泰子 (2015).「みんなの学校」が教えてくれたこと─学び合いと育ち合いを見届けた3290日　小学館
　　多様な子どもたちが通う大阪の大空小学校は，教師と子どもだけでなく地域の人々も巻き込んで，「みんな」で学校をつくりあげようと日々対話し課題を投げかけあいます。一般的イメージとは異なる「寄り添い」を読み取ってください。映画にもなっていますので，機会がありましたらご覧ください。

教師 vs. 生徒 !?

授業づくり

岸野麻衣

教科書をもとに教師が何をするか考えておけば「良い授業」ができますか？

　勤務先の学校で日々の授業や研究授業をするとき，あるいは教育実習や大学の授業で模擬授業の指導案をつくらなければならなくなったとき，どうやって授業づくりを進めるでしょうか。まずは，押さえるべきところを欠かさないよう，学習指導要領や教科書・指導書を見て，何をどう教えるかを考えるでしょうか。そこには，自分の授業を受けた子どもがテストできちんと点数が取れるようにしなくてはいけない，他の先生に授業を見られたときに落ち度がないようにしなくてはいけない，といった思いが働くこともあるでしょう。

　同時に，授業づくりをするとき，誰もが「良い授業」をしたいと願うのではないでしょうか。「良い授業をするためには，教材研究が重要だ」としばしば言われます。きっと大学教員や学校の先輩教諭に「教材研究をしっかりしなさい」と言われたこともあるのではないかと思います。しかし，そもそも「良い授業」とはどういうものでしょうか。「教材研究」とは何なのでしょうか。

　教科書や指導書を見て，教材について自分なりに理解し，それをどう子どもに教えればいいのか，毎時間の授業の課題や指示を考えておくことでしょうか。「しっかり」した教材研究とは，自分の問いに対して子どもがどんなことを言うかを予想し，それに対してどう答え，教えるべきことに導くか，シナリオが細かく想定されていることでしょうか。そうやって十分に教材研究をして学習指導案を作成したら，その通りに授業を進めなければいけないのでしょうか。

　授業づくりにおいては，教師がどのような学びを重要だと考え，どのような授業を良い授業と捉えるかという，学習観や授業観が大きく関わってきます。本章では，これからの社会の中で求められる教育に関する議論をふまえて，良い授業をするためにどうしたらいいのか，考えてみたいと思います。

授業づくりについて転換が求められている現実

　授業づくりにおいて，どのような学びを重視し，どのような授業を良しとするのかということは，今，世界的に見ても大きな転換点にあり，日本においても，学習指導要領の改訂にあたって議論され，方向性が提起されてきています。

　その背景には，社会の大きな変化があります。たとえば，技術革新が進み，今ある仕事の多くが今後人工知能に代わられていくと言われています。グローバル化も進み，知識や技術が簡単に国境を越え，一方で移民やテロなどの国際的な問題も抱えています。日本でも，少子高齢化や多文化共生が課題となっています。こうした複雑で予測困難な社会の中で，子どもたちにどのような力を培っていかなければならないのか，大きな課題となっているのです。

　たとえばOECDでは，各国共通の「キー・コンピテンシー（主要能力）」の特定と分析が検討されてきました。これからの社会では，単に記憶されただけの知識や技能はそれほど役に立たず，むしろさまざまな心理的・社会的なリソースを使いこなして，複雑な課題を解決していく力が必要だとされています。2003年には，社会・文化的，技術的ツールを相互作用的に活用する能力，多様な社会グループにおける人間関係形成能力，自律的に行動する能力という概念化がなされました（文部科学省，2005）。その後もキー・コンピテンシーの議論は続けられています。何を知っているかという知識だけでなく，それを使うにあたって必要な技能として，認知的なスキルに加え社会・情動的スキル等の重要性も指摘されてきました。さらに，社会の中でどのように関わろうとするかという態度や人間性，どのように省察し学ぶのかというメタ認知も挙げられています。今もなお検討が重ねられており，責任を負い，緊張や葛藤に耐えながら価値を創造していく力が挙げられています（OECD, 2017）。

　これらの動きと連動して，日本においても，主体的に学び続けて試行錯誤したり多様な他者と協働したりして，よりよい社会や人生を創り出していくことが求められると考え，三つの柱で資質・能力が提起されています（中央教育審議会，2016）。第一に，生きて働く「知識・技能」の習得です。個別の事実的な知識だけでなく，知識が相互に関連づけられ，社会の中で生きて働く知識・技能の習得です。第二に，未知の状況にも対応できる「思考力・判断力・表現力等」の育成です。問題を発見して解決の方向性を探り，取り組みを振り返って

再構成したり，精査した情報をもとに自分や集団としての考えを形成して伝え合ったりしていく力です。第三に，学びを人生や社会に生かそうとする「学びに向かう力・人間性」の涵養です。主体的に学んでいこうとする力や，自分の思考や情動をメタ的に捉え直す力，多様性を尊重し協働していく力等が含まれます。

　このように，授業において，決められたコンテンツを網羅して習得するというより，むしろこうしたコンピテンシーを培っていくことが求められるようになってきました。中央教育審議会（2016）では，資質・能力を形成するために，各教科を学ぶ意義を問い直しながら，教科を越えた視点でも見渡し，地域との連携も含め総合的に編成していき，さらに実施過程を見直し再構成していく「カリキュラム・マネジメント」や，子どもが主体的に学びに向かい，対話しながら，学習内容を人生や社会のあり方と結び付けて深く理解していく「主体的・対話的で深い学び（アクティブ・ラーニング）」の重要性を提起しています。

　しかし，実際にこのように授業を行うことは容易ではないという現実もあります。知識を問う高校入試や大学入試を前にすれば，教えるべき内容を網羅せざるを得ない側面もあります。あるいは，校種が上がるほど教科の専門性を担うあまり，教科を越えたカリキュラム・マネジメントが難しくなることもあるでしょう。子ども主体にすると教師のシナリオ通りにいかず，教えるべきことが漏れるのではないか，「対話的」とはペアやグループで話し合う活動を入れればいいものなのかなど，疑問を抱え実践の難しさにぶつかる教師もいます。

　これらに対し，さまざまな挑戦も試みられています。たとえば，大学入試についても，記憶としての知識を問うのではない試験のあり方が模索され，改革が進められつつあります（中央教育審議会，2014）。また，教科を越えたチームを編成して授業研究を進め，探究的な授業・カリキュラムの編成に取り組んでいる学校もあります（福井大学教育地域科学部附属中学校，2010）。1時間の授業にとどまらず，単元やより長いスパンでの子どもの学びの道筋を省察し，記述された実践記録には，まさに子どもたちにコンピテンシーが培われていく過程を読み取ることができます（伊那市立伊那小学校，2012）。

　このように，授業づくりについて転換が求められ，さまざまな困難がある中でも挑戦し，改革を進めていかなくてはならない現実があるわけです。

授業づくりについて転換を図っていく上で考える三つの視点

　前節で述べたような学びを実現できる，良い授業をつくっていくうえで考え続けていくことになる問題を三つの視点で述べていきます。

　子ども主体と教師主導　第一は，どこまで子ども主体にするのか，教師がどこまで出るのかという問題です。子どもの主体的な学びを大事にするといっても，すべて子ども任せにするということではありません。教師として授業を通して子どもに身につけてほしい見方・考え方があるはずです。かといって，教師が一方的に教えるべきことを伝達するだけでは，前節で述べたようなコンピテンシーは育成できません。子どもがこれまでの経験で培ってきた見方・考え方をふまえて，子どもの学びの筋を描き，活動をデザインしていく単元づくり・授業づくりが必要になってきます。たとえば富山市立堀川小学校では，教材の選定と提示にあたって，子どもが驚きや疑問を持って，豊かな発想で仲間と協働して課題解決に取り組む活動が展開し，見方・考え方が高まり，追究の深まりが見込めるかどうか考えます。そこから単元の目標や授業の目標を具体的に考えていきます（富山市立堀川小学校，1994）。こうした授業づくりは容易ではなく，学習の領域や内容によって相当な吟味が必要となり，模索していくことが求められることでしょう。

　探究と習得　第二は，子どもが課題に向けて探究していくにあたって，習得すべき知識や技能をどのように編み込んでいくのかという問題です。知識や技能がないと探究もできないのではないか，教えてから考えさせることが必要だという考え方もあります（市川，2008）。一方で，課題に向けて探究していく中でこそ，子どもが必然性を持って知識や技能を習得し，思考力・判断力・表現力等の育成にもつながるという考え方もあります。たとえば福井大学教育地域科学部附属中学校（2010）では，授業の中での探究プロセスを次のような基本構造として捉え，単元をデザインします。まずは教材に関わる中で子どもが疑問や関心を持って課題が芽生える「発意」，そこから課題解決の見通しを立て方法を検討する「構想」，さらに具体的な解決に向けて準備する「構築」，実際に課題解決や作品づくりを行う「遂行・表現」，これらの過程での学びを振り返る「省察」と進んでいき，これがまた次の「発意」につながり，同様の構造をもつサイクルが幾重にも展開していき探究が深まっていきます。これらの過程

で，教師は子どもたちの学びを丁寧に見て取り，つまずきが生じた際にはそれを乗り越える手立てとして助言をしたり課題設定をしたり，学びが深まっていくようさまざまな援助をします。そこでは，既習の知識や技能と探究の過程で得た知識や技能が結びついて理解が深まっていき，教科としての見方・考え方が形成されていきます。子どもの実態を的確に捉えながら，どうすれば資質・能力を育成できるか，考え続けていく必要があるといえます。

学級づくりと授業づくり　第三は，そもそも落ち着いて学習に取り組む学級ができていないと授業ができないのではないか，いや授業こそが子どもがつながり認め合う場になるのではないか，という学級づくりに関わる問題です。授業は，たとえば1時間や単元でのめあてや問いを定めて，その解決に向かうというような構造や，たとえば発言するときには挙手をして指名されたら立って話すといったようなきまりやルーティンなど，さまざまなことに規定されているものです。こうした枠を強固にすればするほど子どもたちは教師に従い，授業から逸れることはなくなりますが，同時に学びは型にはまったものにもなりがちです。基本的な学習態度の指導だけでなく，一人ひとりの意欲的な学習を促す創意工夫のある授業がいっそう必要とされています（文部科学省，2010）。どの子も授業での課題解決に向かうことができ，多様な考えが認められ，対話を通して互いの学びが深まっていく授業になれば，子どもたちは達成感や自己肯定感，共に学ぶ良さを感じ，聴き合う関係性が形成されて学級は落ち着くものでもあります（岸野，2016）。子どもたちの思いや考えを探りながら，授業の構造と同時に学習内容の理解や関係性の形成を図っていく必要があるのです。

授業の省察と再構成　授業づくりには，正解や万能薬はありません。教師として，短期的にも長期的にも授業を振り返り，子どもたちの学びのプロセスを捉え直し，同僚と共に実践を吟味していくことで次の構想が見えてくるものです。考え続け学び続ける教師であることが専門職として求められます。

■ **考えるための読書案内**

福井大学教育地域科学部附属中学校研究会（2010）．学びを拓く《探究するコミュニティ》シリーズ　全6巻　エクシート
　シリーズには，授業づくりのプロセスや記録についてだけでなく，各教科での授業記録も掲載されており，授業づくりのヒントが得られます。

コラム

授業づくりという探究

宮下 哲

授業に「思いを込める」

教師はどのように授業に思いを込めていくのでしょう。ある人は，授業中に何をどんな手順や方法で行うのかを考えます。またある人は，問題提示から本時のまとめの筋道を考えて修正を繰り返します（図1）。またある人は，「本時のまとめはねらいに即しているか，そのまとめを引き出す全体追究の手立ては適切か，追究の前提となる学習課題は適切か……」と授業展開を遡って何度も検討します（図2）。

授業づくりには，その教師の教育観や授業観・子ども観が反映されるものです。教師は，目の前のあの子を思い浮かべながら，自分自身の「観」と対話しつつ，授業に思いを込めていくのです。

授業で「思いがけないことに出会う」

授業中も教師は思いを込めているのです。子どもの反応を捉え，自分の「観」と対話しながら授業展開を調整しつづけます。ねらいの達成に向けて，子どもたちが差し出す反応を組織することに汗を流します。自分の予想を超える子どもの学びに出会い，本時の計画を大きく変えたり単元全体の計画をデザインし直したりすることもあります。

教師の行為の基盤には，子どもの思いがけない反応に対する驚きや感動，畏敬……の念が溢れています。だから，思いを込めれば込めるほどに，思いがけないことに出会いながら，教師は子どもと共に授業をつくれるようになっていくのです。子どもと共に，学べるようになっていくのです。

授業づくりを通して「思い知る」

子どもと共に学べる教師は，子どもの可能性に驚き感動しそれを支える自身がもつ責任の大きさを思い知る……自身の至らなさを思い知る……のです。

だからこそ，私たちは今日もまた，顔と名前のあるあの子の豊かな学びの成立を目指して授業に思いを込めていくのです。

図1　授業の展開を想定する

図2　ねらい・評価・支援の関わりを検討する

保護者対応

家近早苗

保護者の意向はすべて尊重すればよいですか？

　教師に対する保護者の要望はさまざまです。

　たとえば，給食の時間に，教師は「好き嫌いをしないで食べましょう」「残さず食べましょう」という指導をします。すると保護者から，「うちの子は，家でも生野菜は食べませんので，給食で残すことを認めてください」「うちの子は，肉は好きですが，魚は嫌いなので，メニューの工夫をしてもらえないでしょうか」などの要望が出されることがあります。また授業や学習に関しても，「うちの子が授業に集中できないのは，隣の席のお子さんとうまくいかないからです。席を替えてもらえませんか」「家では何度言っても宿題をしません，学校でみてもらえないでしょうか」などのお願いをされることがあります。

　このような保護者からの要望には，どのように答えればよいのでしょうか。

　保護者から出された要望やお願いにすべて沿うようにしておけば，保護者は満足するかもしれません。前述の例で言えば，給食での好き嫌いを認めること，宿題は学校で教師がみること，席替えをすることなどです。しかし，学級には複数の子どもがいます。そのため，担任教師は保護者からの要望や意向に沿いたいと思いつつも，一人の子どもに対する特別な配慮をすることを周囲の子どもやその保護者がどう思っているか，一人の子どもに特別なことを認めてしまうと，他の子どもたちが「自分も同じようにしたい」と言いだし，学級のルールが維持できなくなることなどへの不安もあり，どうしたらよいか迷ってしまうことがあります。

　そこで本章では，このような保護者の要望をどのように理解し，その裏に隠れている心情をどう理解するか，教師としてどのように対応したらよいのかについて考えます。

教師と保護者の子どもの見方の「ズレ」

　ではここで，ある子どもの事例をもとに教師と保護者の子どもの見方の違いについて考えてみましょう。

　　　小学校1年生のA君は，学校ではじっとしていることが苦手で，「小さなこと」でかっとなってしまい，担任の先生から注意されることが多くありました。また授業中には自分の好きな絵を描いていたり，出歩いたりして，授業には参加していませんでした。それを見た周囲の友達は，A君に「やめたほうがいい」と注意しましたが，A君は友達からの注意を無視していました。このようなことが続くと，友達はなんとなくA君を避けるようになりました。A君が「遊ぼう」と誘ってもすぐに遊んでくれる友達が少なくなりました。友達から避けられているように感じたA君は，「誰も自分をわかってくれない」と言いだしました。　　　（いくつかの事例をもとに筆者が作成）

　担任教師はこのような状況を何とかしたいと思い，A君の保護者と面談をしました。担任教師は，A君が授業中にノートを取らずに絵を描いていること，立ち歩きがあり，授業に集中できていないことなどを保護者に伝えました。さらに，些細なことでかっとなることがあり，他の子どもたちからも不満が出ていることなどが心配であることを伝えました。すると保護者は，「うちの子はクラスで仲間外れにされている」と訴えました。そして家庭では，かっとなることなど全くないので，担任教師のA君への関わり方を工夫してほしいとお願いしました。

　担任教師は，A君への接し方を工夫することを保護者に約束して面談は終わりましたが，担任教師も保護者も釈然としない思いが残りました。保護者との面談を終えた担任教師は，「A君は，家庭では甘やかされているので学校では問題が起こるのだろう。家では自分の思い通りになっているから問題が起こらないのだろう。どうして保護者は学校での様子を理解しようとしてくれないのだろう」と思い，保護者は，「家では良い子なのに学校で問題が起こるのだから，先生や友達がいけない」と思ったままになりました。

　A君の事例のように同じ子どもを見ていても，担任教師と保護者では問題の捉え方が違うことがあります。これは，担任教師と保護者が協力できている場合は，多角的に子どもを見るという良さになりますが，お互いの考えや見方を理解しないと，「ズレ」になります。

保護者の要望に隠れている保護者の思いや心情を理解することは大変難しいことです。

　大河原（2004）は教師と保護者の「ズレ」について，生態学的に現象を捉えるエコシステミックな見立てモデルを使って説明しています。大河原（2014）は，一人の子どもをめぐって学級内で問題が起こり，授業が進まないことに不満を訴える保護者と担任教師とのやり取りを例として，教師の対応によって保護者の不満や怒りの反応が大きくなることを示しています。学校で何らかの問題が起こったときにきちんと解決ができていない場合，子どもたちが帰宅してから保護者に不満を訴えることになります。大河原（2004）の事例では，我が子の話を聞いた保護者は，自分の子どもからの情報を元に担任教師に疑問をぶつけるのですが，担任教師は，問題の中心となっている子どもの立場を理解してほしい，問題を起こしている子どもには事情があるため，クラスの子どもたちが協力してほしいという姿勢で保護者に話をしたことから，保護者の不満が増幅されていきます。

　このように教師と保護者との間にある「ズレ」は，教師と保護者との悪い相互作用や悪循環につながり，担任教師の学級経営の困難さにつながることがあります。保護者の不満や怒りが引き出される場合には，「我が子が主役になっていない」ことや，保護者自身が子育てに対する不安を持っていることなどに教師が気づかないことで大きな問題になることがあります。

　前述のA君の保護者のように，特に入学したばかりの時期は，子どもだけでなく保護者自身も，「子どもに友達ができるだろうか」「勉強についていけるだろうか」などの不安を持っていることが少なくありません。主婦の友社（2014）の『CoMo』編集部による小学校入学前，入学直後の母親への取材からは，「参観日に手を挙げない」「生活科とは何か」「おもらししたらどうしたらよいか」など，教師であればあたりまえにわかることでも保護者の心配事になることが理解できます。保護者は担任教師に，「自分の子どもがせつない思いをしている」「自分の子どもが困っているのではないか」という自分の思いや不安などを担任教師に受け止めてほしいのです。そして，何よりもまず，自分の子どものことを考えてほしいのです。教師が親の思いや願いを受け止めようとしないと保護者との関係はこじれてしまいます。

教師と保護者の「ズレ」が生じる要因とその対応

　A君の事例のように，担任教師は保護者の話をよく聞いて，その要望に応えているのに，担任教師も保護者も「釈然としない思い」が残ってしまうことがあるのはなぜなのでしょうか。そこで，保護者の要望の意図を把握し，担任教師と保護者との「ズレ」が生じないような話し合いには何が必要かを考えてみましょう。

　保護者の話を正確に聞くこと　保護者からの話を正確に聞き，その奥にある心情を把握するには，カウンセリングの技法（玉瀬，2008）も必要になります。その知識や技法をもたないために，保護者の話を正確に理解できないことがあります。私たちが行うコミュニケーションには，大きく分けて言語的なコミュニケーションと非言語的なコミュニケーションとがあります。言語的なコミュニケーションは言語を使って行いますが，言葉には「準拠枠」があることを押さえておきましょう。準拠枠とは，その人のこれまでの経験や体験，文化などが言葉に反映されることを意味します（平木，2004）。また保護者の話を正確に聞くときに重要なのが，「要約」することです。「要約」は，相手の話を聞いた後で「〜ですね」「私はこのように理解しましたが良いですか」というように，保護者の話を整理して確認することです。これが，保護者の考えの理解につながります。一方非言語的なコミュニケーションは，言語以外のコミュニケーションのことで，表情やしぐさ，服装などもその一つです。たとえば保護者が面談の時間に遅れることや，かなり早く到着することなどは面談への抵抗感や緊張を表しているかもしれません。また面談中に保護者が時計を見ることは，「そろそろ面談を終わりたい」「次の予定がある」などのメッセージかもしれません。このような言語以外の表現に気づくことは保護者を理解するうえでの手掛かりになります。

　教師と保護者の対等な関係：相互コンサルテーション　通常，教師が保護者の面談をすることはコンサルテーション（山本，1986，2000）として捉えられます。コンサルテーションは，相談される者（コンサルタント・教師）が相談する者（コンサルティ・保護者）に対して行い，コンサルタントとコンサルティの専門性が異なることが前提となります。学校心理学（石隈，1999，2016）では，保護者を「自分の子どもの専門家」であり，「役割的ヘルパー」として位置づけています。そして，教師も保護者も子どもに関わる専門家であり，教師と保護

者が協力してチーム援助をすることを強調しています。チーム援助は，相互コンサルテーション（田村・石隈，2003）であり，「異なった専門性や役割をもつ者同士が，各々の専門性や役割に基づき，子どもの状況について検討し，今後の援助方針について話し合う作戦会議」と定義されます。相互コンサルテーションでは，教師と保護者との双方向的な意見交換が行われます。教師と保護者が対等な関係であること，双方向の話し合いの場をつくることを意識することが一方的な話し合いになることを防ぐことにつながります。

子どもへの支援目標の共有　保護者と教師が協力して子どもへの支援をするためには，子どもの援助ニーズを把握することが必要です。ヴィゴツキー（2003）は，子どもの成長・発達の可能性という視点から，子どもが単独で到達できる発達水準と他者と共に課題に取り組むことにより到達できる潜在的な発達水準を区別し，「発達の最近接領域」としています。子どもが新しいことや自分の課題に挑戦するときには，一人で取り組み，自分だけの力で達成できることと，周囲にいる大人が少し手助けをすることでできるようになることがあります。子どもへの支援は，子どもの持つ潜在的な力を伸ばすことを意図して行わないと，かえって子どもの成長を阻害することにもなります。また，石隈（2016）は子どもの援助ニーズを，「欲求：Wants」（したいことやしたくないこと）と「ニーズ：Needs」（子どもが社会の中で自立するために必要な援助）の2種類で整理しています。このような点に留意し，教師や保護者が何を援助するか，お互いの役割を明確にして目標を立てないと子どもへの支援はうまくいきません。また保護者との話し合いがうまくいかないときには，教師としての自分自身のビリーフを点検することも必要です。たとえばA君の事例の教師は，「保護者は子どもの学校での様子を理解してくれない」と思いました。このような考えには，「保護者は学校での子どもの様子を理解するべきだ」という教師自身のビリーフが隠れています。教師が保護者に対する堅いビリーフを持っていると，保護者の話を素直に受け入れられないことがあります。このことに気づき，保護者との関わりを見直すことで子どもへのより良い援助ができるのではないでしょうか。

■ **考えるための読書案内**

大河原 美以（2004）.怒りをコントロールできない子の理解と援助——教師と親の関わり——　金子書房
　教師と子どもや保護者との関係を生態的なシステムとして捉えることで，悪循環を断ち切り，より良い関係をつくりだすポイントについてまとめられています。

コラム

教師，保護者，子どもの思いを重ねること

姫野涼子

　私は，日頃から児童の様子を伝え，保護者と連携しながら学級経営することを心がけています。学校でのトラブルが多い児童の保護者には，特に保護者の話をよく聞き，保護者側と学校側の両方の思いに応えられるよう努めてきました。電話や連絡帳，家庭訪問で連絡を密にとり，子どものよくなかった点だけではなく，よかった点や頑張っていた点も家庭に伝えることで，家庭と学校が子どもの情報を共有し，一緒に子どもを育てていきたい，という考えを伝えてきました。しかし，どれだけ情報を共有し保護者の考えを聞いていたとしても，うまくいかなかった例もあります。

　新しいクラスの友達関係に不安を感じた児童Aの保護者から新学期早々相談を受けました。これまでの学校生活の中で，ある児童Bとの関係を懸念しているようであまり2人を一緒にいさせたくない，といった内容でした。担任として2人の関係は注意して見守ることにしました。

　ところが様子を見ていると，保護者が話していたような険悪な様子は2人から感じられず，むしろ親しげで，休み時間も一緒にいることをお互い楽しんでいるようでした。Aに話を聞いてみると，「最近は仲良くできるようになってきた」と言います。その様子については，保護者にも電話連絡し対応を相談しながら進めていました。保護者も「Aが大丈夫ならそれでいい」ということでした。

　ある日，校外学習でグループを決めることになりました。案の定，AとBは同じグループになることを希望したので，もう一度Aに本当にこのグループでいいのか確認しましたが，このグループでいいとの答えでした。その言葉を信用し引き続き様子を見守ることにしました。

　しかし，それから数日後，Aの保護者は学校に「Aがいじめられている」と訴えました。これまでに何度も嫌なことを言われているのに，担任は何も対応してくれなかったと言います。驚きを隠せないまま早速，Aの両親とAと面談を行いました。一つ一つ話を確認すると，AはBと仲良くやりたいが親には言えず，親にはBや担任への不満を伝えていたということがわかりました。

　保護者は児童の学校生活を直接知ることができないので，子どもの言葉を信用します。子ども同士の友達関係について度々要求してくることがあるのは，子どもを心配してのことです。適切な手段やタイミングで，丁寧に学校の方針や児童の様子を伝えること，そして何より子どもと親双方の思いを大切に話を聞くことが保護者対応には必要であることをこの事例から学びました。

# 4 学校行事

樽木靖夫

学校行事を行えば学級はまとまるのですか？

　児童・生徒の頃の思い出に学校行事で学級が協力できた記憶はないでしょうか。ある中学1年生の文化祭の作文より，その様子を見てみましょう。

　　10月下旬に1年間の中で一番大きな行事，文化祭が行われました。2日間にわたって各クラスでいろいろなことを行いました。私たちのクラスもとても良い劇ができたと思います。でも，一番印象に残ったのは，本番よりもそれまでにかけた準備の1ヶ月間だったと思います。準備は，役決めから始めました。私は，照明と大道具のチーフを担当しました。照明は体育館でしかできないのであまり仕事はありませんでした。大道具はとても大変でした。背景画は予想以上に大きくて，作るのが大変でした。下書きも，色塗りもみんなで，一所懸命，作りました。切れたりして，失敗したりもしました。最後にできたときは，何よりもうれしかったです。でも，完成したことより，今まで残ってやってきたことで，みんなの意外な面をみれたことの方が，とてもうれしかったです。『文化祭』という行事の準備で，このクラスの本当のみんなを知ることができたのかも知れません。自然教室の時の大縄飛びと同じで，いざという時には協力できるクラスだと思いました。いつもは授業の時はうるさくてしようもないクラスだけれど，本当はどのクラスよりも頼りになるクラスだと思います。私は，文化祭で感じたものを，2，3年になっても活かしていきたいと思います。本当に素晴らしい文化祭でした。

　この作文以外にも「合唱コンクールでクラスみんなの協力に感動した」「体育祭の学級対抗リレーで，みんなの応援が嬉しかった」などの学級がまとまった様子が見られます。では，学校行事を行えば学級はまとまるのでしょうか。次節では，学校行事をめぐる現状を考えてみましょう。

学校行事をめぐる現状

　学校行事をめぐる現状について，保護者・地域，子ども，教師，それぞれに関わる問題より考えてみましょう。

　まず，保護者・地域に関わる問題について考えてみましょう。2016年3月25日の毎日新聞によれば運動会・体育祭での組体操の練習中の事故が8,000件を超え，特に「タワー」「ピラミッド」による事故が多いようです。大阪市のように組体操の中止を決めた自治体もありますが，文部科学省も安全への配慮を求めるに留まり，組体操の実施についての判断はそれぞれの学校に委ねられています。では，なぜ，事故のリスクがありながらも組体操が続けられるのでしょうか。保護者や地域の要望を理由に挙げている学校があります。高度なことへの挑戦や学級での協力を経験させたいという保護者や地域の要望が強いそうです。

　学校行事の内容は学習指導要領では，①儀式的行事，②文化的行事，③健康安全・体育的行事，④小学校：遠足・集団宿泊的行事，中学校・高等学校：旅行・集団宿泊的行事（学校種により表記が異なります），⑤勤労生産・奉仕的行事とされています。つまり，学習指導要領では健康安全・体育的行事を実施するよう示されていますが，運動会・体育祭やその中での組体操の実施を示してはいません。学校の教育計画は学習指導要領に沿って，それぞれの学校で決めるものですが，保護者や地域の声は無視できない事情もあるようです。伝統ある学校での行事は地域行事の一部になっていることもあるようです（鈴木，2008）。

　次に，子どもに関わる問題について考えてみましょう。合唱コンクールや文化祭などの準備で，「男子が協力してくれない」という女子からの訴えを耳にすることがあります。また，文化祭での学級劇の企画を決めたものの配役が決まらず，そのことを学級の誰も気にしていない様子がありました。聞いてみると，「学級劇なら好きな活動だけをすればいいから選んだ」と言います。学校行事では集団による自主的な活動が望まれるため，遊びとの一線が引きにくくなるという子ども側の学校行事を捉える視点の問題もあるようです。子どもにとっては，授業とは異なる息抜きのような場面として，好きなようにやらせてほしいと考えているのかもしれません。

　最後に，教師に関わる問題について考えてみましょう。「修学旅行での部屋

割りを決めるのに女子がもめて困った」「学校行事の後は授業が落ち着かなくなる」「文化祭で学級劇の企画に決まったが，何をどう指導したらよいのかわからなくて困る」などという指導上の困りごとは教師からよく聞かれる声です。

　学校行事が子どもの考えるような遊びの延長や学習の息抜きの場であるなら，教科学習のような指導も不要で，子ども任せで済ませそうなはずです。遠足，修学旅行など学校外の施設や学校外の人のお世話になることへの渉外などの役割は大人である教師が果たさなければなりません。それを果たせば子どもが自主的に活動し，自動的に進行していくのであれば，先のような困りごとの声はないはずでしょう。学校行事は子どもには楽しめるものであっても，教師にとっては，なんだか取り組むのが大変そうで，その後のトラブルの原因にも思えてしまいます。そのようなリスクを抱えてまで実施しなければいけないのか疑問に感じてしまいそうです。

　このような疑問には，教科学習での指導書のようなはっきりした指導指針がなく，担任教師をはじめとする教師たちの工夫や介入によるところが大きく影響していると考えられます。言い換えると，学校行事は教師の力量が問われる場面であり，教師の介入をきっかけに，子どもは仲間や学級で協力でき，感動や達成感を味わえているのかもしれません。

　これらの指導に関わる問題とは別に，学校に期待される役割が年々増大していることも学校行事への取り組みを難しくしているようです。具体的には，1989 年以降はボランティア活動の重要性が指摘されるようになりました。1998 年には新設された総合的な学習の時間と特別活動の扱いが話題になり，学校現場ではその取り組みに混乱しました。2002 年より学校週五日制が実施されました。職場体験学習，福祉体験，小中連携行事なども徐々に加わり，学校が多様な機能をもつようになりました。その結果，「行事の準備に時間がとられると授業時間数が確保できない」といった声も聞かれ，学校現場の忙しさや教師の多忙化の原因にもなっているようです。学級のまとまりをつくるどころではない一面も感じられます。次節では，学校行事に取り組む際に考えておきたいことについてみてみましょう。

学校行事のねらいを考える

　学校週五日制の実施に呼応して，学校現場では，授業時間数の確保と学校行事の精選が話題になりました（渡部，1992）。準備に時間のかかる学校行事，なかでも文化祭は精選の対象とされがちで（赤田，2014），それまでの学級ごとの自由な企画による文化祭から，合唱コンクールや地域の大人による体験学習への変質も見られます（樽木，2013）。期待されているねらいが達成できるなら，活動内容が変わることに疑問はありませんが，教師の介入の大変さに注目した判断であるなら疑問を感じます。学習指導要領の内容からも，すべての学校行事で学級のまとまりがねらいとされているのではないことが理解できると思います。たとえば，入学式を行えば学級のまとまりがつくられるのでしょうか。学級のまとまりに影響する学校行事や学級のまとまりを促進する活用方法があるようです。そこでここからは，「学校行事」のねらいについて，いろいろな観点より，一緒に考えてみましょう。

　学級集団の発達過程から考える　蘭・武市・小出（1996）は，1年間の学級集団の発達過程について，学級の主導権に注目して，教師の視点より，①学級導入期，②学級形成期，③学級安定期・変革期，④学級定着期のモデルで検討しています。樽木（1999）では，そのような学級集団の発達過程に対応した学校行事の例を示しています。つまり，学級のまとまりに影響する学校行事という観点で，その時期に設定されるねらいを考察しています。学校行事は決まっているから実施するのではなく，設定するねらいを考える必要もあるようです。これまで体験した学校行事のねらいをあらためて考えてみてください。

　子どもに育つ力から考える　行事活動で子どもには何が育つのでしょうか。先の行事設定のねらいと相まって，検討すべき観点と考えられます。大迫（1983）による学校行事での教師の指導概念では，「自主性を育てる」「集団に対する所属感や連帯感を育てる」「集団生活における問題解決の方法を学ばせる」「自己理解を深め個性を伸張させる」の四つを重要としています。樽木（1999）は大迫（1983）による教師の指導概念を参考に，一つの行事を対象とした「協力および成就感」「運営」「自主性」の3因子による自己評価尺度を構成しています。一つの行事では個性の伸長までは難しいと考え，個性の伸長を成就感に代えて質問項目を作成しています。以上から学校行事で子どもに育つのは，「学

級のまとまり」に関わること以外にも，いろいろあることがわかります。

学校行事における教師の介入から考える　学校行事では活動の進め方によって協力すべき集団が異なることがあります。たとえば，修学旅行での班活動，合唱コンクールでのパート練習，小集団に分かれた文化祭での壁新聞や掲示物の制作，学級劇での大道具や出演者の練習など係ごとの活動では小集団での協力が求められます。また，合唱コンクールでの学級全体練習，学級劇での上演間近の練習では小集団活動の成果を合わせた学級全体での協力が求められます。このような学級全体での協力には，構成メンバーが学級として一つのことを成し遂げるために，役割分担して活動しながら，遅れている活動を手伝えるような調整・協力をする「分業的協力」という高い水準の協力が求められます（樽木，2013）。

　樽木・石隈・蘭（2011）では，中学2年生の文化祭の事例が報告されています。担任教師は学級の状況について，個人の楽しみとして活動しているが，学級で協力した活動にはなっていないと判断しました。そこで，文化祭までに時間がなく，主役が決まっていないために劇練習ができていないという現状，好きでないこともしなければ学級劇はできないことを丁寧に伝えることにしました。生徒たちが物作りの活動を大事にしている様子から，担任教師は企画内容の切り替えの提案や役割指名により活動を進捗させるような介入はしていません。担任教師には学校行事で「学級としての協力」を育てたい意図がありました。そこで，話し合いによって生徒が協力して課題解決することを期待し，きちんと現状を認識させることで，学級で話し合うことができると判断したのです。以上から，小集団での協力と学級での「分業的協力」には，教師によるアセスメント・介入も必要だと考えられます。

■ 考えるための読書案内
樽木靖夫（2015）．学校行事を学級経営につなぐ　蘭　千壽・越　良子（編）ネットワーク論からみる新しい学級経営（pp.82-95）　ナカニシヤ出版
　学校行事を活用した生徒の協力を促進する教師の介入について，事例とともに紹介されています。

ここまでいろいろありました…

# 地域との連携

時岡晴美

地域と協働すれば学校は良くなりますか？

　現代の日本社会の特徴として，「地域に子どもを叱る大人がいなくなった」「地域が子どもに無関心になった」などの論説が取り上げられます。その捉え方はさまざまですが，地域は都市化の進展に伴って人間関係や共同体のあり方そのものも都市的に変容してきたと考えられるため，昭和の中頃までは確実に地域に存在していた「悪さする子どもを叱るおじいさん」「子どものしつけを助けるおばさん」が地域からいなくなったといえます。その反動のように，学校へ多種多様の期待が集まるようになり，地域住民や保護者からのクレームも増加してきました。文部科学省が2010（平成22）年に行った調査によると，26の都道府県市が，保護者や地域住民等への対応として，苦情等マニュアルや手引き等を作成していました。教員や学校管理職者にとって，これらの対応は重要な課題となっているのです。しかし，このような組織的対応を図ることは，教員の勤務負担増大につながります。

　改正教育基本法（2006（平成18）年施行）では，第13条「学校，家庭及び地域住民等の相互連携協力」が新設され，地域と学校の連携推進が図られるようになりました。従来から活動していた登下校を見守る地域ボランティアが全国の多くの地域に拡大し，地域全体で子どもを育成する活動に尽力する地域も登場しています。学校教員の多忙化に歯止めがかからず窮地に陥っている学校に，地域住民が協力・支援する体制を整備しようというのです。地域と協働することによって，学校は良くなるのでしょうか。協働することで，学校と地域はどのように変化すると考えられるでしょうか。地域の側から見ると，急激な少子高齢化の進展を背景として，地域を支援し活性化を図る体制の構築が求められています。地域にとって学校との協働は，そのような期待に応えるものとなりうるのか，地域には，学校との協働を担う力を期待できるのでしょうか。

地域が学校を支援する取り組みの実態
　学校と地域が協働する取り組みは，現在，全国で多様な活動が見られます。前述の登下校見守り隊の他，読み聞かせボランティア，地域の歴史や伝統的遊びなどの学習機会の提供，地域行事への子どもの参加を確保するため学校が協力することなども行われています。

　地域が学校を支援する取り組みの効果と課題　文部科学省が重要政策課題と位置づけ，2008（平成20）年度から実施している「学校支援地域本部事業」を紹介します。学校が求める活動に地域住民をボランティアとして派遣する事業で，コーディネーターを中心とする組織を整備する試みです。発足当初は全国867市町村の小・中学校に2,176本部が設置され，2011（平成23）年度以降は補助事業となりましたが全国で設置が毎年増加し，2015（平成27）年度は4,146本部（小学校6,568校，中学校3,039校，高等学校35校，特別支援学校70校）と全公立小・中学校の約32％をカバーするまでに至っています。小学校の地域連携は保護者が中心となる事業が多いですが，中学校はどのようでしょうか。先進事例として岡山県B中学校（5小学校区，生徒数450人）の活動を紹介します。
　2008（平成20）年12月実行委員会を立ち上げ，2009（平成21）年度より本格実施，2011（平成23）年度からは補助事業として国・県・市の予算措置で実施，6部会（読み聞かせ，登下校安全指導支援，環境整備支援，学習支援，部活動支援，ゲストティーチャー）を立ち上げて現在も活動しています。特に，校内に整備した畑で生徒と一緒に野菜を育てて収穫したりプランターで花を育て校内美化に資する「環境整備」，土曜や夏・冬休みに教室で教師立ち会いの下で数学等の学習支援をマンツーマンで行う「学習支援」は，新しい特色ある取り組みです。この事業開始以来8年間継続してきた筆者らによる調査から，事業の継続とともに学校の荒れが収束したこと，学校に新たな居場所ができることで子どもが意欲的になること，子どもに効果が見られるだけでなく地域の熱意や力を喚起していること，地域から学校への期待や関心が高まること，教師が変わらざるをえない状況をもたらしたことなどが明らかにされています。

　「学校支援」から「地域との連携」へ　2013（平成25）年度に筆者が実施した中四国の中学校における学校支援地域本部事業の実施状況調査によれば，地域と中学校が連携して取り組むこの事業では，実施校数や部会数の県別や市町

村別による差が大きいこと，比較的小規模な中学校で実施が多いこと，実施体制に県別の差異があることなどが明らかになりました。地域や学校の規模によって取り組みの体制や活動主体が異なりますが，いずれの実施校も活動成果の評価が高く，継続を見込んでいるのです。事業主体は地域住民が圧倒的に多く，学校主導による活動だけでなく，地域へ投げかけて実施している活動など，この取り組みで中学校と地域の連携が生じている，あるいは連携が強化されていることがわかります。

　「支援」「連携」から「協働」へ　全国の先進事例を見ると，学校を支援する活動では，英語教育に特化して地域ボランティアが授業の補助や放課後の補習を担当する取り組み（京都府の事例），学校と連携する活動では，学校行事に地域が参加し地域行事に学校が協力して校区全体の活動に発展させる取り組み（奈良県の事例）の他，学校の活動を地域に開放したり，コミュニティセンターの活動と学校が協力して実施するなど，まさに多彩な活動が展開されています。

　文部科学省は2015（平成27）年の中教審答申で，「地域との連携体制の整備」を挙げて，地域との連携推進を担当する教職員を地域連携担当教職員（仮称）と明記し，地域と学校の双方向の連携・協働を図る「地域学校協働本部」を置くとしました。また，2017（平成29）年の社会教育法改正により，市町村教育委員会は，地域住民と学校との連携協力体制の整備，地域学校協働活動に関して普及啓発すると明記し，教育委員会は「地域学校協働活動推進員」を委嘱できるとしました。学校を「支援」する取り組みから，学校と地域の「連携」へ，さらに学校と地域の「協働」へ，いわば両者のパートナーシップを拡大，強化してきたといえるのです。

　「協働」すればよいのでもない　こうした動向から，全国の全校，全地域における「協働」を構想していることがわかります。しかし，学校も地域も，特色や課題はそれぞれ異なります。画一的な一斉取り組みは馴染まないため，個性に合った「協働」について考える必要があります。小学校と中学校でも違うでしょう。

　それぞれの学校や地域において，子どもたちの置かれた状況や抱える問題，子どもを取り巻く環境としての学校や地域の状態をどのように捉えることができるのか，実態把握を間違えば混乱を招くだけです。実態に即した連携・協働でなければ成果も得られないのです。

「協働」のゆくえ

　これからの学校と地域のパートナーシップはどうあったらよいのか，どのような関わり方をすれば「協働」を実現するのか，そもそも，地域と協働すれば学校は良くなるのか，多様な視点から考えることができます。

　「協働」は学校のためか，地域のためなのか？　学校には，児童や生徒，教師職員，保護者がおり，教育委員会や他校との関係があります。地域には，子どもたちや保護者を含む地域住民がいて，さまざまな住民組織があり，企業や行政の組織もあります。誰を，どういった人々を「協働」の対象と考えればよいのでしょうか。児童や生徒像の捉え方によっても「協働」のあり方は異なります。

　また，実際に協働する主体に注目すると，先進事例においては，地域ボランティアが学校の依頼を受けて，地域住民が事業主体となって実施しているケースが多くありました。「協働」というとき，たとえば学校行事を地域と協働で実施するとしたら，実際にはどのような取り組み方を構想することができるでしょうか。担当するのは誰でしょうか。具体例を考えてみましょう。地域における伝統的な秋祭りを復活させようというプロジェクトの立ち上げを想定します。学校の教育活動として，どのような位置づけが可能でしょうか。学校行事の一環として実施することはできるでしょうか。児童・生徒全員が参加する行事としてふさわしいものになるでしょうか。またそれが望ましい方向性でしょうか。その際の保護者やボランティアの関わり方はどうなりますか。一方，地域の行事としては，どのような位置づけが可能でしょうか。実行の中心となるのはどういったメンバーでしょうか。さらに連携や協力を仰ぐ関連団体や組織としては，どのような関係が考えられるでしょうか。また，たとえば，窮地に陥っている学校を支援するための活動や，地域の問題を解決するための活動などを，学校と地域が協働して実施することもありうるでしょう。

　「支援」なのか，「協働」なのか？　前節では，「支援」「連携」から「協働」へという動向について取り上げました。その取り組み方によって，どのような効果が期待できるでしょうか。子どもたちにとっては「支援」される場面が多いと考えられますが，それだからこそ，子どもたちが主体となって誰かを「支援」する活動ができたら，そこから子どもたちが得るものは大きいといえます。自尊感情や世界観にも影響を与えるかもしれません。地域にとっては，子ども

たちを育てるために「支援」する場面が多いと考えられますが，逆に地域が子どもたちによって「支援」される活動ができたとしたら，多くの人が集まることで地域は活性化し，地域活動にも変化が生じるかもしれません。とはいえ，そのような「支援」を，学校や保護者はどう受け止めるでしょうか。「協働」を実現するには，従来行われてきた学校行事や地域行事を「協働」で実施するという取り組みが，まず構想しやすいと考えられます。生徒・教師・地域ボランティアそれぞれにとって，どのような関わり方が考えられるでしょうか。さらに学校が良くなるためにはどのような「協働」が望ましいのか，各々の立場から考えてみる必要があるでしょう。

　効果を追求するのか，負担を軽減するのか？　前節で紹介した事例では，地域のボランティアが「学校を良くするために支援する」という強い思いを持って活動に参加していました。時には負担に感じることもあるでしょうが，「できることをできるときに」を合言葉として取り組んでいます。地域ボランティアからの支援を得られたことで，特定の生徒に対応する場面が減少し，教師の負担は確実に軽減されたといえます。しかし，地域住民とのコミュニケーションに慣れない教師にとっては，当初はかなり負担に感じられていたと見られ，校務分掌で担当となった教師以外はまったく関知しないという学校もありました。現在の教員養成カリキュラムでは，地域に関する学習や地域との関係づくりを学ぶ場面は想定されていません。子どもとの接し方や保護者との接し方は学んだことがあっても，地域住民や高齢者との接し方がわからない人もいるでしょう。地域との関係づくりに関する負担感も多様にありうることです。また，教員には転勤があるので，特定地域とのつながりがつくれたとしても，数年後には転勤していくことになるのです。事業に取り組む以前から，その効果と負担を見極めることは大変に難しい作業です。どのような効果を想定して，どのような負担が生じるのか，難しい問題といえるでしょう。それぞれの活動による子どもたちへの教育効果について，実態を見極めていくことが必要です。

■ **考えるための読書案内**
武井哲郎（2017）．「開かれた学校」の功罪―ボランティアの参入と子どもの排除/包摂―　明石書店
　ボランティアの参入が学びの場に及ぼす影響を功罪両面から考えるとともに，子どもにとっての「開かれた学校」を考えることができる1冊です。

コラム

支援から連携，そして協働へ

平田俊治

　学校支援地域本部事業を始めて，今年で10年になります。中学校長として勤務しながら，3年前から教育学部の学生に地域連携について講義をしています。私が今まで勤務した学校は，生徒指導上多くの問題を抱えていたので，経験から「学校の"荒れ"には地域連携が特効薬だ」という話をすると，学生の皆さんからたくさんの質問をいただきます。たとえば，「自分が受け持つクラスに，問題行動を起こす生徒がいたらどうしたらいいですか」とか，「地域の人と良い関係をつくるにはどうしたらいいですか」などです。不安でいっぱいになる気持ちはよくわかります。

　中学校の現場では，理不尽なことが当たり前のように起こります。思春期で不安定な生徒が相手ですから，「些細なことからけんか」をはじめとして「いじめ」や学校外でも「SNS上のトラブル」など，きりがありません。また，私的な理由で「検定の期日を変更しろ」とか，「部活動の指導が気に入らないので試合に参加させない」などという「公」と「私」の軽重が逆転している大人もいます。

　こうしたトラブルが全くないという学校はありえません。むしろ，それらをどう指導するか，解決するか，が公立学校の大切な役割だと考えています。

　当然ですが，こうしたトラブルを乗り切る方法を，教員養成課程でいちいち取り上げることはできません。生徒や地域によって背景が大きく異なり，マニュアルも存在しません。それぞれの新米先生が，生徒や地域をよく知っている先輩教員や管理職と相談しながら，一つ一つ丁寧に学んでいくしか方法はありません。これからの教員に要求される力は，指導技術はもちろんですが，マニュアルにないトラブルの解決にむけて，「相談する力」だと思います。その相談相手の一人として，いろいろな背景をよく知っている地域の人たちが加われば百人力です。「地域連携は学校の"荒れ"の特効薬だ」と言われる所以だと思います。

　私の学校では，放課後や土曜日に地域の人たちが勉強を教えに来てくれます。そして，夏休みや冬休みには，中学生が地域のボランティアと共に，小学生に勉強を教えに行きます。2年前，この学習支援に成績が良くなかった生徒に参加するよう依頼しました。彼らは，しっかり準備して，むしろ丁寧に教えてくれたと，小学生や小学校の先生たちに好評でした。この「人の役に立つ」感覚は，中学生の自尊感情を向上させ，とうとう今年は，合併で途絶えた盆踊りを懐かしむお年寄りのために，中学生が保護者や地域の人たちと協働して，盆踊りの復活を成し遂げました。

　このように，「支援」から「協働」へと向かうとき，中学生は大きな可能性を秘めています。教職を学ぶ皆さんがこの可能性に気づいたとき，教育は大きな飛躍の時を迎えるに違いありません。若い先生たちのこれからに期待したいと思います。

2 児童生徒指導

# 教育相談

水野治久

教師に教育相談に関する知識や技法は必要ですか？

　筆者は，大学において教職必修科目である教育相談に関連する科目を10年以上担当しています。教職科目の教育相談に関する科目は，法律によって，「教育相談（カウンセリングに関する基礎的な知識を含む）の理論及び方法」を講ずることが求められています。しかし，この「カウンセリング」をどう教えるか，何を教えるか毎年苦労しています。それは，教師はカウンセラーになるのではなくて"教師"になるからなのです。教師とカウンセラーの専門性は対人援助の仕事という面では似ていますが，個別支援と集団指導という明確な違いがあります。

　教師は担任する学級を中心に据えて考えていきます。子どもを集団の中で見ていきます。授業，生活場面，班での活動，係活動，学校行事などです。もう一点，教師とカウンセラーで特徴的な違いは援助方法です。教師はカウンセラーより，授業や行事への参加の仕方，係活動への取り組み方など現実的な場面で具体的な援助をします。家庭とも積極的に連携しますので，教師はカウンセラーと比較すると家庭への連絡の頻度，家庭訪問の頻度も高いのです。また，学校という現実場面で子ども援助するために，所属する学年の教師だけでなく管理職や養護教諭，特別支援教育コーディネイターとも積極的に連携していきます。さらに教師は，社会の側のニーズを踏まえ，学校の目標に合致した状態に子どもを導いていく役割を担っています。時に厳しく子どもを指導することもあります。

　このように考えると，教師にカウンセラーが使う教育相談の知識や技術は必要ないのではないかと思えてしまいます。

子どもを育み支える学校現場の現実

　しかし，学校現場に一歩足を踏み入れると，「教師とカウンセラーは子どもを見る視点が異なるのでお互いに分担して業務を進めていきましょう！」とは言ってはいられない現実を突きつけられます。たとえば，昨今，子どもの深刻ないじめ被害を伝える報道が相次ぎ，筆者も心を痛めています。なぜ，深刻な状況になるまでいじめの被害が明らかにならないのか，被害者はなぜもっと早く相談できなかったのかと思う読者も多いと思います。筆者の調査によると，子どもは教師やスクールカウンセラー（以下，SC）に相談しないことが明らかになっています（水野，2014）。このことはどうやら日本だけの傾向ではなく，たとえば海外では，いじめの被害を受けた子どもの1割は教師に助けを求めません（Boulton, 2005）。そして，教師に相談することで，いじめの被害が悪化すると考える生徒もいることも事実です（Fekkes et al., 2005）。では，どうしたらよいのでしょうか？　一つの答えは対人葛藤がいじめに発展しない良質な信頼関係に満ちた学級集団をつくることです。そして，いじめがあっても，被害を感じた子どもが，学級の仲間に気軽に相談できる経路を確保することが大事です。もちろん，教師はいじめがあれば，児童生徒の相談に乗りますが，同時に，あたたかい学級雰囲気を醸成し，いじめが起こっても子ども同士で解決できるような集団づくりにも力を注いでいます。

　もう一つ忘れてならない現実が昨今の子どもの援助ニーズの多様化です。たとえば，あなたが小学校の教師になり，とある男子児童の算数のつまずきを発見したとします。どのような仮説が考えられますか？　まず考えられるのが，教える側，つまり教師側の要因です。授業での説明の仕方，教材，教科書，プリント，ノートなど授業の方法を一度振り返ってみる必要があります。学級の中の多くの子どもが同様の状況であれば，授業に原因がある可能性があります。また，過去の単元で習った類似の問題と混同していることもありえます。

　次に考えられるのが子どもの側の課題です。子どもが計算のやり方，問題の解き方を理解していないという仮説です。計算問題の解き方を理解するまで知的な能力が発達してない可能性もあります。また，字を書く，計算するといった基礎的な活動につまずきがあるかもしれません。加えて，子どもの生活背景に何か課題がある可能性も考えなくてはいけません。たとえば，子どもの情緒

はどうでしょうか？「不安が高い」「イライラして落ち着けない」などの症状があると授業に向き合えません。家庭の状況はどうなのでしょうか？　経済的な貧困を抱えており，朝食はおろか，夕食の用意もままならない状況かもしれません。虐待を受けている可能性もゼロではありません。加えて学級の中の人間関係について悩み，勉強どころでない可能性もあります。このように考えると，授業という集団指導の中でも教師は子どものさまざまな側面に目を配り子どもを立体的に理解していかなければいけません。教師は集団でしつけを行うから，個別支援である教育相談的な関わりは行わなくてよいという考え方では，もう今の時代の教師は務まらない可能性さえあるのではないでしょうか？

　では，集団指導の中で個別支援をどう実践したらよいのでしょうか？　これが非常に難しいのです。なぜなら，個別支援は集団指導と矛盾することがあるからです。一人の子どもを支えると他の子どもに説明が難しくなるのです。たとえば，小学校において，情緒的に不安定で，発達の偏りが疑われるＡ君に対して，特別に配慮したとします。担任は養護教諭や特別支援教育コーディネーターと連携しながら，「落ち着かない時は保健室で休んでもよい」とＡ君に言いました。しかし，そうすると，学級の他の子どもから「Ａ君だけずるい」という意見が出てきます。Ａ君やＡ君の保護者の了解なしにＡ君の苦戦している情報を教師から他の子どもに言えません。

　中学校の現実はどうでしょうか？　中学校では，不登校ではありませんが，教室に入るのがなかなか難しい子どもが存在します。こうした子どもは通称「別室」と呼ばれる会議室で一日を過ごすことになります。登校できるわけですからそれを維持することは大事なことです。でも別室に登校する子どもが増えてくると，仲の良い２～３名の子どもがふざけたりすることがあります。仲間に入れない子どもたちは，うるさいと感じたり，疎外感を味わいます。そうなると教師の中から，「教室に入れないからといってわがまま放題は許されない，別室の運営のルールをつくるべきだ」「教室で頑張っている他の子どもに対して示しがつかない」「授業をしたほうがよい」「別室を閉鎖しよう」という声があがってきます。厳しくするのか，現状維持か。教師は集団指導の視点をもちながらも個別の子どもをどのように支援するのかという視点に立たなくてはいけません。あなたはどう思いますか？

教育相談のさまざまな考え方と実践

　では教師はどのように教育相談の理論と技法を日常で実践していけばよいのでしょうか？

　教師が教育相談を実践する　まず，教師は相反する二つの指導態度で子どもと接している可能性があります。弓削（2012）は小学校の教師 191 名と，許可が得られた教師の学級の児童 1,037 名を対象に質問紙調査を行いました。その結果，高学年においては，〈ひきあげる機能〉の指導行動である「突きつけ」と〈養う機能〉の「理解」に正の相関が認められ，教師が「突きつけ」と「理解」の両方の機能を多く実施するとき，児童の学習意欲，規律遵守意欲，規律遵守度，学級連帯性の評定値が高いことがわかりました。

　平井・水野（2017）では，中学校 1 〜 3 年生 580 名を対象に，「学級風土」と「教師の指導態度」が「授業逸脱行動」に及ぼす影響について検討しました。その結果，中学校 1 年生と 2 年生においては，男女で影響に違いはあるものの，教師の指導態度においては，〈受容的指導態度〉と〈要求的指導態度〉が授業逸脱行動の〈潜在的逸脱行動〉，〈顕在的逸脱行動〉を抑制する可能性があることが示唆されました。この二つの調査結果は，教師は子どもをしつけていく指導方法と，子どもを理解し，受容していく指導方法の二つを実践している可能性を示しています。集団指導の技法の中にどう教育相談を落としこんでいくのか考えてみてください。

　チームで教育相談を実践する　昨今，教育相談を含む生徒指導の領域では，教師同士，教師と専門家がチームで子どもを支援する必要性が指摘されています。2015 年 12 月，中央教育審議会から「チーム学校」という考え方が発表されました。そして，援助ニーズの高い子どもの生活背景や心理的な背景を十分に考慮したうえで，校内外の専門家と連携する必要性が指摘されました。

　これからの教育相談は，担任教諭が養護教諭，特別支援教育コーディネイター，SC やスクールソーシャルワーカー（以下，SSW）と協働しながら，チームで子どもの援助にあたることが一つのポイントとなります。実際に，山本（2015）は，16 名の中学校教師を対象にした面接調査から，担任教諭が SC と協働した結果，さまざまな気づきを得たことを報告しています。また，橋本（2015）は，教師 20 名に対して面接調査を行い，その中で SC の校内体制につ

いて知る立場にあった8名の回答を分析しています。その結果，教師とSCの連携の促進にはSC担当教師の影響，校長の影響，SC側の積極的な会議の参加などが影響していました。加えて，新井・庄司（2016）は，SC96名，教師322名を対象にSCと教師のアセスメント共有方略について調査しました。アセスメント共有方略とは，教師が児童生徒の事例の理解，援助方針を円滑に共有するための方略です。アセスメントとは子どもの査定，子どもの理解を意味しますから，これが援助者間で共有されなければ，同一歩調で援助を提供することができません。その結果，「事例について正確に伝えるために，なるべく多くの情報をSC/教師に伝える」「事例について一人で判断せずSC/教師の意見，アドバイスをもらう」などの項目で構成される〈積極的かつ迅速な情報・意見交換〉が教師とSCの協働を促進し，職種間の葛藤を低減させると報告しています。

授業や学校ぐるみで教育相談を実践する　昨今，授業の中や学校ぐるみで教育相談の理論や技法を積極的に取り入れる方法も実践されています。たとえば，子ども，集団行動や対人関係の具体的な行動をソーシャルスキルという形で教示していく方法です（佐藤・相川，2005）。さらに，他者との関わり方だけではなく，自己の捉え方も含めた良き市民を育てる「社会性と情動の学習によるプログラム（小泉，2011）」も実践されています。

また，学校全体で肯定的な行動を促していこうとする「肯定的な行動支援プログラム（PBS：Positive Behavior Support）（クローン・ホーナー，2013）」の取り組みもあります。昨今，道徳や特別活動などの中でこうした実践が展開されています。こうした方法は，授業の中に教育相談の手法を取り入れ，予防的な観点から子どもの問題解決の力を育もうとする取り組みです。中学校・小学校の校区ぐるみで取り組む事例も報告されています（森田ら，2013）。

■ 考えるための読書案内

水野 治久（2014）．子どもと教師のための『チーム援助』の進め方　金子書房
　前半は子どもが教師やカウンセラーにどのように助けを求めるのかについて主に調査結果から解説しています。後半はチーム援助を具体的な事例とともに，解説しています。

教師による教育相談とは…

# 不登校

伊藤美奈子

不登校になる「理由」はあるのですか？

　スクールカウンセラーとして学校現場に関わる中で，不登校の子どもたちに出会う機会は多くありました。その子どもの保護者や担任教師としては「不登校の理由があるなら，それを解決したいので，理由を知りたい」「理由がわからないと対応ができない」と考えることは自然なことと思います。ただ，不登校の子どもに「学校に来られない理由」を尋ねても，それに対し明確な理由が返ってくることは多くありません。もちろん「友達から無視されて……」「部活で先輩と合わなくて……」など，理由が語られたときは，そこに焦点づけて解決方法を考えることは大事でしょう。しかし，その「理由」とされることが解決されても，やはりすぐに登校できないこともあるのです。

　相談室で出会う不登校の子どもたちとの面接を振り返っても，学校に行けない理由を明確に語れるケースのほうが少数派でした。「なぜだか自分でもわからないけれど，教室に入ったら喉がイガイガするんです……」「無理して教室にいると，水槽の中に入ったような気分になって辛いんです……」と表現してくれた子もいます。一方，沈黙という表現で，回答を拒否する子どもも少なくありません。また，「よくわからない」「一言で説明できない」「言いたくない」というケースでも，丁寧に見ていくと，背景に発達障害などの生きづらさや保護者によるネグレクトや両親の不和など家庭要因が潜んでいる場合もあります。そういう場合には，本人の口から学校に行けない理由が語られるのは容易なことではないようです。

　このような状態で，周りから「不登校の理由」を問われ続けると，「自分でもわからないのに，何度も尋ねられるのは辛い」「理由を言わないと許されないような気分になる」と追い詰められていく子どももいるのです。

不登校のきっかけ

　不登校の原因についてはこれまでもさまざまな議論がありました。学校恐怖症と呼ばれた時代には、母子関係に問題があり子どもが健全に母親の元を離れられない、さらには母親の側にも子どもを手放せない要因があると考える「母子分離不安説」（佐藤，1959 など）がありました。また、学校の管理体制やいじめ、教員等との関係に問題があると考える「学校要因説」もあります（渡辺，1979；奥地，1989 など）。さらに、その子どもの自我の弱さやコミュニケーション力の弱さに問題があると考える見方も、世間にはあります。一方、現代社会では学校に行くことの自明性が失われた結果、不登校というあり方が増えているという「社会要因説」も出されています（森田，1991；滝川，1994 など）。

　文部科学省が学校（教師）を対象に行った調査によると、表1のような結果が出ています。学校要因・家庭要因・個人要因と大きく分けると、無気力や情緒的混乱などの個人要因に原因を見る意見が多いことがわかります。一方、中学3年生で不登校を経験した子ども本人が20歳になったときに調査をした結果（図1）によると、「友人関係をめぐる問題」「学業の不振」「教師関係をめぐる問題」が上位を占めることがわかります。学校から見た理由とは異なり、学校要因を挙げる子どもたちが多くなっています。さらに最近のデータでは「生活リズム」をきっかけとして挙げる割合も高いことがわかります。加えて、1993（平成5）年度調査と2006（平成18）年度調査を比べてみると、全体に選択率が高まっている（複数回答が増えている）ことも見て取れます。不登校の要因はますます複合化しているので

表1　不登校となったきっかけ（文部科学省，2016 より）

学校生活に起因	いじめ	1.1%
	いじめ以外の友人関係をめぐる問題	14.5%
	教職員との関係をめぐる問題	1.9%
	学業の不振	8.8%
	進路にかかる不安	1.4%
	クラブ活動・部活動への不適応	1.8%
	学校のきまり等をめぐる問題	1.6%
	入学・転編入学・進級時の不適応	2.7%
家庭生活に起因	家庭の生活環境の急激な変化	5.6%
	親子関係をめぐる問題	10.9%
	家庭内の不和	3.9%
本人の問題に起因	病気による欠席	7.5%
	あそび・非行	6.9%
	無気力	25.9%
	不安など情緒的混乱	29.8%
	意図的な拒否	5.1%
	その他本人に関わる問題	5.0%
そのほか		2.2%
不明		1.4%

しょう。他方,「とくに思い当たらない」の選択率が高くないことを考えると,不登校から5年経ち,自分でもその理由を客観視できるようになったということかもしれません。

　スクールカウンセラーの実践からも,不登校の裾野が広がり,背景要因が多様化しているという現状は実感できます。学校現場で出会うケースを振り返ると,発達障害が背景にある不登校は決して少なくありません。もちろん,発達障害そのものが不登校に直結するのではなく,障害ゆえのコミュニケーション力の低さが友達とのトラブルとなったりいじめられたり,学習面での不適応が学校から足を遠のかせてしまうということもあるでしょう。そして,家庭に絡む要因の中でもネグレクトが認められるケースもあります。「もう少し家庭のサポートがあれば,この子は不登校になっていなかったのになあ」と思われるケースです。保護者がうつ病などの精神疾患だったり,両親の不和から精神的に不安定になり学校に行けなくなるケースなどもあります。さらに,本来は不登校の定義でも除外項目となる「経済的問題＝貧困」が背景にあるケースも少なくありません。この場合も,貧困がそのまま不登校を生むのではなく,貧困が原因となって生じる家庭内の不和や学力の低さなど,貧困にまつわる間接要因が複雑に絡み合ったケースです。

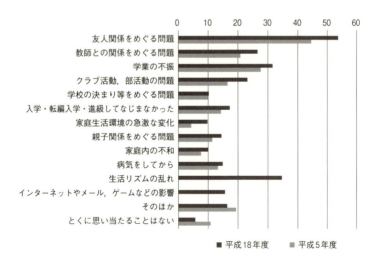

図2-1　不登校になったきっかけ（本人対象の追跡調査より）（文部科学省, 2014より）

多様化する支援

　以上のように，不登校そのものが多様化し，複合化していることが見えてきました。不登校は，学校における教育問題の一つであるだけでなく，社会や時代という背景と切り離せない要素も抱えています。本人の口からは明確に語られなくても，さまざまな情報を集めて，その子どもとその子が生きる環境をしっかりとアセスメントすることが求められます。そのためにも，学校内では教職員がチームを組んで取り組むことが大切です。その教職員には，スクールカウンセラーやスクールソーシャルワーカーなどの支援員も含まれ，多様な目で子どもの状況を把握し共通理解を図ることが重要になります。その際，その子が抱える"問題"だけでなく，"強み＝リソース（たとえば「勉強は苦手だけど，没頭できる趣味がある」「友達は少ないが，親との関係はいい」など）"を知っておくことも，次の一歩を考える際には大切な視点となるでしょう。

　そして，そのチームは学校内にとどまらず，家庭との連携も非常に大切です。不登校になると，子ども自身はなかなか学校に来られませんが，保護者との関係が築けていると，保護者を通じて子どもを支援することが可能となります。不登校を抱えた保護者は，子どもと同様に揺れ動いています。学校からの連絡には複雑な反応を示される場合もあるでしょう。しかし一方，学校から何も連絡がないと不安になるものです。「学校は何もしてくれない」「うちの子どものことは忘れられているのではないか……」など，不満や不安が高まるケースも少なくありません。子どもを支える周りの家族も支えられることが大切です。

　それは，教師も同様です。「いくら訪問しても，何度電話をかけても反応がない。これ以上働きかけることは無駄じゃないだろうか……」「今のこのやり方でいいのか自信がない」など，一生懸命な教師ほど悩みを背負ってしまいます。そんなときは，一人で抱え込むのではなく，情報共有できる周りの教員と役割分担したり，スクールカウンセラーなどのコンサルテーションを受けることで関わり方を見直したり，学校内にチーム体制がつくられていれば教師がバーンアウトすることを防ぐことにもなります。

　さらに，不登校そのものの多様化に対しては，支援の多様化も大切です。学校教育の中心といえる"教育的支援"だけでなく，カウンセラーなども参加しての"心理的支援"，医学的なケアが必要なケースに対しては"医療的支援"が

必要となります。さらに最近は，親による虐待や保護者の精神疾患など，"福祉的支援"の活用が不可欠なケースも増えてきました。そして，家庭内暴力や非行が絡む不登校については"司法矯正的支援"が有効になるケースもあります。こうしたさまざまな専門機関がネットワークをつくって不登校を支えるシステムの構築が，学校を支える命綱になるでしょう。

他方，不登校の進路についても多様化しています。先述した不登校生徒の追跡調査によると，1993（平成5）年度に卒業した不登校生徒の進学率が65.3%であったのに対し，2006（平成18）年度卒業生では85.1%に上昇しています。一方，高校進学後の中退率も，1993（平成5）年度は37.9%であったのが，2006（平成18）年度になると14.0%と改善されています。不登校経験者を受け入れる全日制高校も増え，通信制や昼間定時制など柔軟な登校スタイルを選べる新しいタイプの高校もつくられました。高校には行けなかったけれど，「高卒認定試験」を受験して大学に進むという道を選択するケースも少なくありません。もちろん，それでも高校に行けずに「ニート」になってしまうケースはゼロではありませんし，高校卒業後に就職活動や職場での不適応から社会的ひきこもりになるケースもあります。

森田（2003）のソーシャルボンド理論によると，中学卒業後，学校でも仕事でも居場所を獲得することが次の居場所にもつながることが示されました。また，伊藤（2016）でも，不登校であったという「過去」がそのまま「現在＝その後」の自己肯定感を左右するのではなく，むしろ，「現在」の自分に自信が持てると，不登校であったという「過去」をプラスに捉え直すこともできるし，「将来」への展望も開けるということが示されました。これらの結果は，「長いトンネルを抜けたあと，自分なりに満足のいく生き方ができていると感じることが，不登校という自らの"過去"を意味づけつつ捉え直す」（伊藤，2016）可能性を意味しています。不登校になった理由という"過去"だけにこだわるのではなく，子どもが生きる"今，ここ"から始めるという視点も大切であるといえます。

■ 考えるための読書案内
伊藤 美奈子（2009）．不登校―その心もようと支援の実際― 金子書房
　不登校の子どもや保護者の心理，不登校に対する支援のあり方について，具体的な事例や調査データを活用しまとめた本です。

不登校という現実

3 非 行

松嶋秀明

反社会的行為をする生徒には「毅然とした対応」をすべきですか？

　2011（平成23）年に滋賀県大津市で起きた，「いじめ」を苦にして中学生が自死する事件は世間に衝撃を与えました。学校には，この他にも学級の「荒れ」など，学校の秩序を破壊し，他の児童・生徒の安心・安全な学習環境を乱す生徒の存在がたびたび問題となっています。

　近年，学校現場での生徒指導のあり方を見直す議論のなかで生まれ，わが国の学校現場で注目されている「毅然とした対応（ゼロ・トレランス方式）」は，このような逸脱行為に対して，厳しい態度で臨むことを推奨するものです。ゼロ・トレランス方式は，もともとはアメリカで，学校現場の荒廃をうけて考案されました。教師による裁量的な生徒指導を禁止し，細かなルールを設け，それに基づいて一律に罰するという教育方法です。日本では2006（平成18）年の文部科学省による「新・児童生徒の問題行動対策重点プログラム」で「ゼロ・トレランス方式」が検討されはじめたのをきっかけに，児童生徒が安心して学べる環境を確保するために「出席停止」や「懲戒」などの措置をふくめた「毅然とした対応」をとることを学校に求めています。

　こうした問題を起こす生徒の気持ちに受容・共感的に寄り添うことが大事だという意見が多くある一方で，集団で生活をする以上，規則を守ることは必要であり，一部の生徒のために他の生徒の学ぶ権利が阻害されたり，いじめ被害にあったりすることがあってはならない，悪いことは悪いとちゃんとわからせるべきだという意見もまた，もっともなように思えます。私たちはどのようにすべきなのでしょうか。

反社会的行為をする生徒へのゼロ・トレランス方式の功罪

　ゼロ・トレランスによる社会的排除　ゼロ・トレランス方式をめぐっては，アメリカでは結果的に生徒の「停・退学」処分を増加させ，学校からの排除を促進させるという批判や，貧困層や人種的マイノリティなどが排除される傾向が強いことが指摘されています。鈴木（2016）は，日本でこうした教育方法が導入されることで，結果的に，貧困家庭の子どもなどの社会的弱者が教育の機会を奪われてしまう危険性があることに警鐘を鳴らしています。現時点でも，我が国では子どもの貧困の影響として，低学力の問題とならんで社会情動面での未発達が指摘されています。すなわち，貧困が，友人関係の希薄さに結びつくとの指摘（阿部，2011）や，学校教師からサポートされていないと感じやすいといった指摘がなされています（吉住，2016）。また，非行少年のなかには虐待被害をうけたものが多くいる（全国社会福祉協議会，2009）といったように，社会的に弱い立場で育ってきた子どもが結果として逸脱行動にはしることを示す研究がいくつもあります。学校とのつながり（school connectedness）をもつことが，生徒の将来的な犯罪行為を予防できるという研究があります（CDC, 2011）。ゼロ・トレランス方式をとることが，反社会的問題行動を示す生徒をさらに追い込む危険性が指摘できます。

　問題の抱え込みがはらむリスク　もっとも，日本のゼロ・トレランスには「毅然としてとことん面倒をみる」「決して見捨てない」といったキーワードが用いられるように，アメリカのそれとは性質が異なるという指摘があります。山本（2015）は，①規則違反に対して厳罰をくだすかどうか，②対処における教師の裁量を認めるかいなかという二つの観点からゼロ・トレランス方式を類型化しており，厳罰をくだすものの，同時に教師には裁量が認められているものを「訓育型」と呼んでいます。この型では，教師は規則違反に対しては軽微なものであっても妥協のない厳格な態度でのぞむ一方，「決して見捨てない」というキーワードのもと，教師には裁量が認められており，教師が粘り強く生徒に指導していくことで更生をうながそうとします。「出席停止」などの措置をとった場合でも，教室以外の別室に呼び出して学習させたりといったように，です。「見捨てない」ことや「とことん面倒をみる」ことは良いことのようですが，重い問題を抱える生徒との指導関係を続けていくことにはリスクも伴

います。反社会的な問題行動を起こす生徒に，虐待や発達障害をもつがゆえの生きづらさを抱えるものは少なくありません。発達障害や，被虐待を背景とした問題を抱えた子どもが多数入所している児童自立支援施設や児童養護施設は，職員が24時間生活を共にしつつ家庭的な養護をすることが一つの特徴ですが，こうした密な関わりは子どもの育てなおしを促進する一方，職員が子どもの出す問題に対処しきれなくなると，たちまち関係を煮つまらせ，子どもが問題を出し，それを止めようとした大人が統制を強め，そのことが子どもの不満を強めて問題を増やすといったように，子どもの問題を防ごうと職員が動くことで，よけいに子どもの問題が悪化するという悪循環をまねきます（松嶋，2015；内海，2016）。これは職員のバーンアウトや不適切な指導を誘発しかねません。

悪いことを教えることは逸脱の抑止につながるのか？　日本型のゼロ・トレランスには，教師による裁量を認めないものの，最初は軽微な罰からはじめ，次第に重い罰を課していく「段階的指導」をとりいれたものもあります。違反者は次に違反をすれば，より重い罰が課されると教師から予告されることで，自らの行為の結果や，生じる責任についてより自覚的になることを求められます。実際に予防効果が高まったという報告もありますが，逆効果になることも危惧されます。たとえば，薬物乱用については「ダメ。ゼッタイ。」というキャッチフレーズのもと，いかに薬物が危険であり，許容されないのかが強調されますが，薬物依存臨床の専門家である松本（2016）は中高生を対象とした大規模調査の結果から，こうした介入の危険性を指摘しています。調査結果によれば，全体の約1割にあたるハイリスクな生徒（自傷や飲酒・喫煙の経験がある，薬物を入手するネットワークをもつ，etc.）は，親や教師を信用できないと感じていました。そこで，彼（女）らは，大人からのメッセージを正面から受け止めることはなく，どうせ大人には理解されないと孤立感を強め，逸脱をエスカレートさせる危険性すらあるというわけです。

生徒への対応をとりまく問題への多様な視点

問題行動を生みだす生徒集団の問題　これまでは，学校の「荒れ」や「いじめ」をする生徒にのみ注目して論じてきました。しかしながら，一部の生徒の逸脱行動がなぜ拡大・継続するのかというように，学校全体の問題として捉えることも重要です。たとえば，「いじめ」の加害者は，その行為が仲間内で一定評価されているがゆえに継続するため，大人の外側からの介入はうまくいかないといわれます（Salmivalli et al., 1996）。学校の「荒れ」についても，荒れた学校では，一般生徒もまた問題行動を肯定的に捉えており，また，学校を嫌いだと感じているというように，荒れの維持・強化に一役買っていること（加藤・大久保, 2006），荒れた学級では，生徒個人では逸脱行為を悪いと感じていても，自分以外の周囲はそれを許容していると感じやすく，そうした雰囲気を乱すまいとして止めに入れなくなるといった力動が生じていること（加藤・太田, 2016）がわかっています。このように考えれば，「集団づくり」（村中ら, 2008）や，「修復的実践」（Winslade & Williams, 2012 綾城訳 2016）のように，加害者の排除ではなく，学校生徒全員が，こうした問題をおかしいと思って声をあげられるようにすることや，加害生徒を含めて，学校をみんなにとって安全で安心な場にしていけるように雰囲気づくりをすることも重要な介入といえるでしょう。

学校が落ち着くうえでの大人集団の問題　「荒れ」や「いじめ」は一朝一夕に解決することが難しく，教師が息の長い取り組みを続けることが不可避です。このことについて羽間（2006）は，非行的な問題行動は展開がはやく，行動化も激しいため，その対応に忙殺される結果として，次第に表面的な行動ばかりに気をとられて，「観察する眼」すなわち，少年たちの行動の背後に隠された「意味」を感じとることができなくなると指摘しています。

このような状態に陥らないように教師を支えるうえでは，まず，教職員同士の連携が重要な意味をもちます。一部の教師に対応を丸投げされたり，クラスの生徒が問題を起こしたことを他の教師に相談しにくい雰囲気の学校では，教師の抱え込みによる疲弊や不適切な対応の増加など，適切に生徒に関わっていくことが難しくなります。教師の同僚性が重要になります（紅林, 2007）。また，問題行動に対処していくうえではスクールカウンセラーやスクールソーシャル

ワーカーなどの学校外の専門家との関わりや，児童相談所や医療機関，あるいは警察をふくめた多職種連携をすすめることも不可欠だと思われます。

　「すべき」かいなか，だけではない　先に挙げた多職種連携のうち，学校と警察との連携は，実は「毅然とした対応」の一つとして，問題生徒の学校からの排除につながると批判されることがあります。とはいえ，いざというときに「逮捕」という選択肢があることが，教師にギリギリまで教育的な関わりを模索する心の余裕を生んだという事例や，反対に，学校内で指導しようとするあまり，外部に学校がしている努力がみえず，外部機関との信頼関係を損なったという事例があります（松嶋，2013）。このように考えると，大事なのは「毅然とした対応」をすべきかいなかということよりも，できるだけ問題を多方面から捉え，現状での最良の選択肢は何かと考えつつ，もたらされるかもしれないネガティブな結果について自覚しておくことなのかもしれません。

■ 考えるための読書案内
石黒 広昭（2016）．子どもたちは教室で何を学ぶのか──教育実践論から学習実践論へ──　東京大学出版会
　子どもたちは何をどのようにして学んでいるかを丹念なフィールドワークから明らかにしています。著者は学校は本来的には「学ぶ」場であるが，実際には「教えられる」こと，つまり教師のやりかたに協力することを身につける場となっているといいます。そして学級の荒れは，教師に生徒が協力しなくなった状態として読み解いています。規則から逸脱する生徒にどう対応するかを考える前に，規則に従うとはどういうことかを考えてみましょう。

非行に向き合うということ

4 いじめ

澤田匡人

いじめは「ゼロ」にできるのですか？

　秋口になると，いじめ認知件数の「増加」や「急増」という文言が新聞各紙の見出しを飾るようになりました。たとえば前年度より約98,000件が増加した2016年度は，過去最多の32万件数に達したそうです（日本経済新聞，2017）。こうした状況にありながら，いじめの対策でよく目にするのが「いじめゼロ」というスローガンです。多くの教育委員会や学校では，いじめは絶対に許されないことを全面に打ち出し，未然防止を目指すさまざまな取り組みがなされています。そもそも，こうした機運が高まりを見せた背景には，大津市内の中学2年生の男子生徒がいじめを苦に自殺した事件があります。この事件を契機として，2013年9月にはいじめ防止対策推進法が施行されました。同法ではいじめを「児童等に対して，当該児童等が在籍する学校に在籍している等当該児童等と一定の人的関係にある他の児童等が行う心理的又は物理的な影響を与える行為（インターネットを通じて行われるものを含む）であって，当該行為の対象となった児童等が心身の苦痛を感じているもの」と定めています（文部科学省，2013）。

　2005年度までの文部科学省によるいじめの定義には，「自分より弱いものに対して一方的に」「継続的に」などの要件が盛り込まれており，学校の事実確認を要する発生件数が報告されていました。しかし，2006年度には認知件数が報告されるようになり，前年度の6倍ほどにまで膨れ上がりました。また，大津の自殺事件に端を発して実施された2012年度の緊急調査では，前年度と比べて約3倍にもなっています。このように，国が主導した調査によるいじめの件数は，その時期や背景によって大きく変動していますが，少なくとも，これまでにいじめがゼロになった年度はありません。本章では，いじめを引き起こす心理・社会的な要因や，いじめとは何かについて考えていきましょう。

いじめの定義と現状

　旧文部省によるいじめの調査は1985年度から開始されたのですが，いじめの定義が明示された調査は1986年度からです。その定義とは，「自分より弱いものに対して一方的に，身体的・心理的な攻撃を継続的に加え，相手が深刻な苦痛を感じているもの」だったのですが，その後，調査の方針や定義に変更が加えられていきます。1994年度には，いじめかどうかの判断は児童生徒の立場から行われるものとされ，前年度の倍の件数が計上されました。そして，2006年度には，いじめの定義が変更されるに至り，いじめの要件とされていた「一方的」「継続的」「深刻な」といった文言がもれなく削除されたのです。「一定の人間関係にある者から，心理的・物理的な攻撃を受けたことにより，精神的か苦痛を感じているもの」という内容に改められ，発生件数ではなく認知件数が報告されるように変わったことも受けて，前述のように件数が急増したと考えられます。

　実のところ，いじめ防止対策推進法の施行以降も，いじめの認知件数は増加傾向にあります。たとえば，学年別の件数を見ると，2015年度の中学生1年生が31,197件と最も多いのですが（文部科学省，2017），これは当該の年度以前も同様に見られる傾向でした。しかし，2016年度になると様変わりしてきます。中学1年生（37,288件）よりも小学校4年生以前がもれなく高くなり，小学2年生が最大（45,868件）となったのです（文部科学省，2018）。なぜこのような変化が生じたかは定かではありませんが，2013年度を境に，とりわけ小学生のいじめ認知件数が増加してきていることがわかります。近年の調査では，軽度のいたずらや深刻な問題には直結しないようなケースについても幅広く報告が求められるようになっており，こうした調査方針が認知件数の増加をもたらしているのかもしれません。

　ところで，多くの研究者たちからも，さまざまないじめの定義が提案されています。それらの共通点をまとめると，次のようになります（大西，2015）。

1. 身体的，社会的な力関係の強弱があること
2. 攻撃が一方的に加えられていること
3. 攻撃行動が継続していること
4. 身体的・精神的危害を加えられたと感じる被害者が存在すること

以上から看取できるのは，「力関係」や「継続性」がいじめを語るうえでは欠

かせない要素であるということです。また，いじめをより端的に表す言葉もあります。「系統的な力の乱用」（Smith & Sharp, 1994）です。これは，社会的な力関係の強弱自体が問題なのではなく，その力を加害者が悪意をもって行使し，被害者を苦しめ続ける行為がいじめとして問題となることを示しています。異なる国や文化間でいじめに類する行為に違いが見られるのは，それぞれの文化独自の問題としていじめがあるのではなく，この力の乱用のされ方の違いであると解釈できます（金綱，2015）。しかし，現在の文部科学省やいじめ防止対策推進法による定義には，力関係や継続性などの要素が盛り込まれていません。

　では，日本でいじめとして認知されている行為には，どのようなものがあるのでしょうか。文部科学省による調査では，いじめの「態様」と称され，いくつかのカテゴリからいじめを捉えようとしています。それを見ると，「金品をたかられる」といった犯罪同然の行為から，「冷やかしやからかい」のような行為まで，幅広い内容が含まれていることがわかります。2016年度の報告を例にして内訳を確認してみましょう。まず，問題視されるようになって久しい「ネットいじめ」に該当する行為は，小中学生と比べると（小学生：1.1%，中学生：8%），高校生に多いのが特徴的です（17.4%）。一方，「軽くぶつかられたり，遊ぶふりをしてたたかれたり，蹴られたりする」（小学生：24%，中学生：15.3%），「仲間はずれ，集団による無視をされる」（小学生：15.6%，中学生：14.3%）の割合は，ネットいじめの比でありません。しかし，最も多いのが「冷やかしやからかい，悪口や脅し文句，嫌なことを言われる」であり（小学生：61.7%，中学生：65.7%），こうした一連の傾向は2016年度に限らず確認できます。

　例年，新聞報道などでいじめ増加が取り上げられ，その未然防止を求める風潮は高まるばかりです。しかし，その様態の半数以上を占める「冷やかしやからかい」は，一般に広く浸透した社会的行為であって，人間関係を発展させる一助ともなりえます。そのため，いじめと完全に重ね合わせて，からかいを悪として否定的側面からのみ捉えることに警鐘を鳴らす向きもあります（遠藤，2007）。もちろん，被害者がいる以上，いじめはないに越したことはありません。だからといって，いじめに類する行為をもれなく「いじめの芽」だと摘み取ろうとすれば，関係を育むどころか阻害するかもしれません。このように，いじめにはそれを絶対悪と断じるだけでは済まされない複雑な側面があるのです。

いじめ問題を捉えるための視点

　そもそも，なぜ人は，誰かをいじめる側に回ってしまうのでしょうか。いじめ加害のリスク要因として頻繁に引き合いに出されるものに，自己肯定感，思いやり，社会的スキル，自尊心などがあります。すなわち，これらが低い児童生徒は，いじめに与しやすいという見方です。確かに，小学生から高校生までを対象とした大規模な調査からも，関係性の中での自己肯定感の低さが，いじめの加害や被害と関係していることが明らかにされています（伊藤，2017）。いじめにまつわる経験，とりわけ被害者となった経験が自己肯定を妨げる方向と関連しているのは頷ける話ではあります。

　しかし，思いやりを「他者の気持ちを読める能力」に絞って考えると，いじめ加害者の特徴は，どうやら思いやりの欠如だけでは説明できないようなのです。たとえば，イギリスの小学生を対象にした研究では，いじめの取り巻きや被害者と比べて，いじめ加害者が他者の気持ちを推測する能力に秀でていることがわかっています（Sutton et al., 1999）。また，日本人大学生に中学時代のいじめ目撃体験を回想させた調査でも，いじめの取り巻きや被害者と比べて，加害者の社会的スキルが最も高いと評定されていました（大野，2008）。これらの研究からわかるのは，いじめを含む攻撃行動が社会的スキルの欠如によって生じるもの（Crick & Dodge, 1994）というよりは，他者の気持ちを推測する能力や社会的スキルに長けているからこそ，いじめる側に立てているのではないか，ということです。つまり，能力の不足や欠如からいじめるのではなくて，高い能力を行使していじめているのです。

　さらに，自尊心が高い者もいじめに手を染めやすい点も明らかにされています（Gendron et al., 2011）。ただし，これは学校の風土をネガティブに捉えている生徒に限られており，学校に適応していれば，自尊心がいじめを抑制する方向に働くようです。いじめを理解するうえでは，個人の特徴だけに目を向けるだけでなく，彼らが属する集団にも目を配る必要がありそうです。

　集団という言葉からは，「仲間」集団をイメージされるかもしれません。しかし，仲間に留まらず，私たちに大きな影響を及ぼす集団と見なせるものがあります。それは日本の「文化」です。日本人が幸福から連想する内容には「幸せになると他者から妬まれる」というものがあります（Uchida & Kitayama, 2009）。

ここから，妬みを買って足を引っ張られることを恐れる日本の文化的文脈が垣間見えます。また，日本のいじめを首尾よく説明するために考案された「文化—感情混合過程モデル」（Hitokoto & Sawada, 2016）では，いじめ加害の主たる要因として，「相互協調性」「権力格差」「人並みの追求」といった文化的文脈が挙げられています。このモデルでは，自分より優れた人を引きずり下ろそうとする妬みの感情と，自分と類似した他者の存在や自分には手が届きそうで届かない状況が，文化的文脈である「相互協調性」と渾然一体となり，いじめが発生すると考えます。「みんなで仲良くしよう」という信念が共有されているからこそ，そこから外れるものが異質者として排除されやすくなるのです。

　また，いじめが引き起こされるメカニズムを探るうえでは，彼らが属している集団の構成員にも着目すべきでしょう。いじめは，その加害者だけではなく，加害の支援者や強化者（加害者を焚きつける観衆）のようにさまざまな役割で参加する者たちによっても継続されるものだからです（Salmivalli, 1999）。他にも，加害者の集団化と被害者の無力化がより深刻な事態を招き（戸田ら，2008），クラス単位の友人集団と，その結束力を高めることを目的とした異質者への制裁が日本のいじめに特徴的であるとの指摘もあります（金綱, 2015）。これらは，日本の文化的文脈の中で発生し，維持されるいじめを理解し，適宜対応していくためには欠かせない重要な見解といえるでしょう。

　はたして，いじめに対して私たちは何ができるのでしょうか。あくまで思いやりの重要性を説くべきなのでしょうか。それとも，いじめに類する行為は厳禁とすべきなのでしょうか。どんなやり方を選ぶにせよ，いじめに関わる者たちに何らかの欠陥があると断じるばかりでは，いじめ解消への道筋は閉ざされかねません。いじめをさまざまな視点から捉え，時にはいじめかどうかに拘らず，苦しんでいる子どもに手を差し伸べられるかどうか。それが教師に問われているのです。

■ 考えるための読書案内
ピーター・K・スミス（著）森田 洋司・山下 一夫（監修）葛西 真記子・金綱 知征（監訳）（2014）．
　　学校におけるいじめ―国際的に見たその特徴と取組への戦略― 学事出版
　いじめ研究の世界的権威による著書の邦訳です。世界各国のいじめの形態やその対策が網羅されており，いじめ問題を考えるうえで傾聴すべき数々の知見が詰まっています。

いじめは多分なくならない。だからこそ

日向野　勝

　ある日の朝，中3のA子が教室に入ったときから仲良しグループの無視が始まりました。他のクラスメイトも対応がよそよそしくなりました。原因は多分，数日前にリーダーのB子との言い争いになったことだと思いました。そんな雰囲気は数週間で収まりましたが，徐々にA子には，信じていたクラスの友達が敵に見えるようになりました。一人になると涙が出てきました。でも，どんなに辛くても休みませんでした。他のグループでも同じようなことがあるという噂もありましたが，それからしばらくして，元の仲良しグループのメンバーだったC子が突然学校に来なくなりました。B子とのトラブルがもとでした。正義感の強いD子はA子を含む数人で，B子に直接話をしました。この一件以来B子は，学校に来られなくなりました。

　こんなことがあったある日，B子の母親が学校に怒鳴り込んできました。主訴はいじめにより娘が不登校になったというものです。寝耳に水の担任は，大慌てで，いじめアンケートや生徒への聞き取りを行いました。その結果，B子をめぐるトラブルが複数発覚し，それらを解決しようとする子どもたちの取り組みの結果，B子が学校に来られなくなったことがわかりました。学校は，いじめの定義に鑑み，理由はいずれにしてもB子が来られなくなった原因となった出来事についていじめと断じ，関係した者に指導をしました。A子も父親と共に学校に呼ばれ注意を受けました。その時A子は，一言も発しませんでした。しかし，家に帰り，泣きながら堰を切ったようにまくし立てました。「自分が辛かったとき，先生も親も誰も助けてくれなかった。私は負けたくないので一日も休まなかった。にもかかわらず休んだB子は先生方に守られている。私は大人を信じない。」それからA子は，大学1年生まで，引きこもり傾向と自傷行為の生活に入っていきました。大人への不信感，自己評価の低さ，友の裏切りというフラッシュバックにさいなまれた日々だったようです。

　子どもは日々の何気ない行為で往々にして他人を傷つけます。それを相手がいじめと考えればそれはいじめです。だからいじめは多分なくならないでしょう。「いじめは許されない」と声高に叫んでも，叱っても，またどこかでトラブルは起こります。大切なのは，相手の立場で考えられる力を育むことと，日々の生活で傷ついた心に早く気づき，支え，決して決定的な心の傷にしないことだと強く思います。

　最後にもう一つ。実はB子もその後長い間苦しみ，高校も続かなかったそうです。いじめで苦しむのは被害者も加害者もありません。いじめによる心の傷は，関わったすべての子に生じうることを肝に銘じたいと思います。子ども一人ひとりの将来に，いや人生に決して悔恨を残さないために。

 学校や学級の荒れをどう考えるか

加藤弘通

学校・学級が荒れるのは児童生徒の規範意識が低いからですか？

「今年は○年生のクラスが学級崩壊を起こしている」「あの中学校は荒れやすい」「○○高校はいつも荒れている」，身近に子どもがいたり，学校の近くに住んでいると，こんな噂話を耳にすることも多いのではないでしょうか。

それでは，どうして学校や学級が荒れるのでしょうか？　これについて，よく世間でいわれる原因があります。曰く「最近の子どもたちは，甘やかされて育てられているので，やって良いことと悪いことの区別がついていない」「道徳心が育っていない」など，いわゆる「規範意識の低下」を学校や学級の荒れの原因とする考え方です。

実際，学級の荒れの原因を規範意識の低下に求める考えは，一般の人たちだけではなく，一部の政治家や専門家にもあります。この視点は，教育政策にも取り入れられ（国立教育政策研究所，2006；文部科学省，2007），「規範意識の醸成」をスローガンに各自治体の教育委員会でも多くの取り組みがなされています。最近ではこうした考え方が「道徳の教科化」と結びつき，道徳教育を通した規範意識の醸成が，学級の荒れの予防，あるいは解決に資すると考えられてもいるようです（住友，2014）。またこのように規範意識から問題を捉え，道徳教育によってその解決を図ろうとする方向性は，学校・学級の荒れのみならず，いじめといった他の問題行動の対応にも共通して見られる視点でもあります（教育再生実行会議，2013）。それでは具体的にどのようにして児童生徒の規範意識を上げ，問題を解決すればよいのでしょうか。教育現場の取り組みを見ていると，目的は同じでもやり方はなかなか一筋縄ではいかないことが多いです。

「規範意識の低下」の現場の受け止め

個と集団の問題　もちろん現場の教師の中には，最近の児童生徒の規範意識の低下を訴える人もいます。しかし，荒れている学校・学級の多くの教師からよく聞くのは，「一対一だと良いのだけど，集団になるとダメなんだよね」というような意見です。つまり，一人ひとりの子どもと話してみると，別にどの子もやってはいけないことはわかっており，善悪の判断がつかないわけではない。しかし，それが集団になると，とたんにそうした一人ひとりの意識とは無関係に，問題行動を起こしたり，それに同調したりして，学校・学級全体としては落ち着きのない状態に陥るということです。したがって，単に児童生徒個人の規範意識だけを問題にしても，学級の荒れといった問題の解決にはならないだろうと思われます。

困難学級と通常学級の児童生徒の規範意識　実際，荒れている学級（以下，困難学級）と通常の学級（通常学級）で，児童生徒の規範意識を比較してみると，困難学級と通常学級で児童生徒の規範意識には違いがないということがいくつかの調査から明らかにされており（加藤・太田, 2016a, 2016b），それは小学校，中学校ともに同じです。

たとえば，図1は，「先生に反抗する」「授業中に勝手に教室の中を歩きまわる」等の問題行動について，「あなたはこのようなことを生徒がすることについてどう思いますか」という質問のもと，「してもよい（1点）〜絶対にしてはダメ（4点）」の4件法で回答を求め，1項目あたりの平均値を算出したものです。

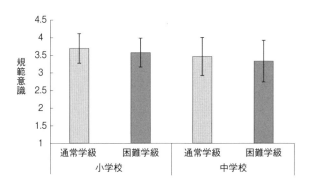

図1　困難学級と通常学級の児童生徒の規範意識の比較

つまり，得点が低いほど規範意識が低いということになるのですが，困難学級と通常学級でこの得点に統計的に意味のある差は見られませんでした。

また上記の得点は1項目あたりの平均値を示しているので，3点以上あれば，どちらかというと「してはダメ」と思っている。つまり，問題行動について，善悪の判断がついているということになります。その視点で見ても，小学校，中学校問わず平均値は3点以上であり，困難学級の児童生徒は，基本的にこれらの問題行動を悪いことだと認識していることがわかります。したがって，世間一般でよくいわれる善悪の判断がつかないために，学級が荒れるという説も当たっていないことがわかります。

実はいじめについても，同様のことが指摘されており，いじめをする児童生徒が，そうでない生徒に比べ決して規範意識が低くないことも指摘されています（清永，2013）。むしろ，規範意識を有していて，それがいけないことだとわかっているからこそ，いじめを行うことに意味があるのであり，被害者にもダメージを与えられるのだと考えられます。

このように問題を個人に還元して考えることができないことは，しばしば教育現場では「個と集団の問題」と呼ばれ，主として個人の治療を対象とした心理学のアプローチが，そのままでは学校では使えない一つの理由として考えられます。それではこうした学校現場の現状をふまえ，私たちは学校や学級の荒れといった集団が関わる問題をどのように考え，アプローチしていけばよいのでしょうか。

〈向上〉を目指すアプローチと〈共有〉を目指すアプローチ

　学校・学級の荒れといった問題は，単に児童生徒個々人の規範意識の欠如によるものではないとするなら，これらの問題に対して，どのようなアプローチが可能でしょうか。二つのアプローチが考えられると思います。

　意識から行動へ　高い規範意識をもっていることが，必ずしも道徳的な行動と結びつかないことはこれまでの研究でもしばしば指摘されていることです（Krebs & Denton, 2005）。そこで大切になるのは，意識だけを高めるのではなく，それを実際の適切な行動へと結びつけることです。たとえば，河村（1999）や金子（2012）は，学級崩壊が起きている学級において，教師は不適切な行動だけに介入するのではなく，良い行動をとっている時や望ましい行動をしている児童生徒を積極的にほめ，何が適切な行動なのかをロールモデルとして，広めていくことが効果的であることを指摘しています。

　いわゆる「悪いところではなく，良いところの関わりを厚くして，児童生徒の適切な行動を伸ばしていこう」と考える実践です。荒れている学級では子どもの悪い行動ばかりが教師の目につくことになり，そこでの関わりが多くなりがちです。そのため，教師と子どもの関係が悪くなり，さらに学級の雰囲気が悪くなるという悪循環に陥りがちです。そういう悪循環を断ち切るために，この方法は有効であると思われます。

　他者の規範意識を知ること　学校・学級の荒れに対するもう一つのアプローチとして考えられるのは，個々の児童生徒の規範意識は本当のところ低くないわけですから，他者の規範意識を知ることが重要になると思われます。たとえば，先ほどの研究（加藤・太田，2016a，2016b）から，困難学級と通常学級を比べた場合，児童生徒自身の規範意識には違いはないが，「他者の規範意識の認知」に違いがあることが明らかにされています。つまり，困難学級の児童生徒のほうが自分のクラスの他の生徒の規範意識を低く見積もっているということです。

　さらにこの他の生徒の規範意識を低く見積もる傾向は，問題行動をする生徒でより顕著に見られました。つまり，困難学級の問題生徒からすると，自分が問題行動をしても，「他の生徒はそれほど悪いことと思っていないだろう」とより強く考え，さらに問題行動を繰り返すことにつながるだろうと考えられます。

そして一般生徒も同様に，他の生徒の規範意識が低いと思えば，積極的にこれらの問題に仲裁に入ることを控えることになるでしょう。そして誰も仲裁に入らないでいると，さらに問題生徒がもつ他の生徒の規範意識に関する認知が強化され，問題行動がエスカレートしていく可能性も考えられます。このように考えると，学級や学校が荒れることには，規範意識の低下ではなく，他者の規範意識に対する誤った認知が関係しているといえます。

したがって，学級の荒れを解決していくためには，個々人の規範意識を高めることよりも，他の生徒の規範意識が，実は自分が思っているほど低くないということを知ることが重要であると思われます。というのも，他者の規範意識を知ることで，「みんなも今の状況をよく思っていないんだ」ということで，一般生徒も状況改善のための声を上げやすくなりますし，問題生徒の行動も抑制されると考えられるからです。つまり，学級の荒れに対して，求められるのは規範意識の醸成よりも，他者の規範意識を知るためのコミュニケーションの活性化であり，それを通した認知の歪みの矯正だと考えられます。

〈向上〉と〈共有〉という見方　以上を整理すると，学校や学級の荒れに対応していくためには，児童生徒の良い行動を伸ばしていくという〈向上〉を目指すアプローチと，もっと単純にお互いのことを考えていることを知るという〈共有〉を目指すアプローチの二つの方向性があると考えられます。どちらが優れているというわけではなく，同じ問題に対しても複数のアプローチが可能であり，いろいろな視点から個々の現場に合ったアプローチを考えていくことが重要であると思われます。

■ 考えるための読書案内

吉田 順（2013）．荒れには必ずルールがある―間違った生徒指導が荒れる学校をつくる―　学事出版

　さまざまな荒れの現場に立ち会い，悪戦苦闘し解決してきた元教師が書かれた本です。具体的な対応とともに，現場の思想がつまった1冊です。

学級の荒れと信頼関係

渡邉 仁

　私が定時制高校で担任をした学級は，入学式翌日から喫煙や暴力行為による停学者が続出し，授業中の私語や授業妨害・教師への反抗等があり，どの授業も成立しませんでした。学級の荒れとはこのような状況をイメージされることが多いと思います。一方で同じ学校でも学年やクラスが違うと，授業中に居眠り・飲食・携帯電話（スマートフォン）の操作・教師に反抗するわけではないが指導に従わない等，静かに学級が荒れていることもあります。学級の荒れといっても，地域・学校種・学年・クラス等，さまざまな環境が影響するので，多様な「荒れ」が考えられます。しかし多様な荒れがあっても，学級の荒れ方は共通しています。それは，生徒が深刻な問題行動をしていたとしても，周りの大半の生徒が「それは問題行動である」と認識し，教師のほうが正しいと思っている学級は荒れません。逆に，生徒が程度の軽い問題行動をしていたとしても，周りの大半の生徒が「問題行動を起こす生徒よりも教師のほうが悪い」と認識すると，学級全体が荒れていきます。

　私は学級の荒れを打破するために，問題行動をしている生徒に対して授業規律や校則を守らせようと厳しく指導していましたが，学級の荒れは大きくなるばかりでした。やはりこの場合も，少数の生徒が問題行動を起こし，残り大半の生徒が，学級が荒れるのは厳しく注意する教師が悪いと認識していました。厳しく指導をすることに限界を感じた私は，問題行動をやめさせることよりも，生徒一人ひとりと信頼関係を構築することに注力しました。そうすると問題行動を起こしていない大半の生徒と担任である私との関係は良好となり，行事等において学級全体が一致団結するようになっていきました。その結果，問題行動を起こす生徒が学級で浮き始め，残念ながら自主退学をする生徒もいましたが，問題行動を起こしていた生徒のほうから学級の輪に入ってくる姿も見られるようになり，荒れは収まっていきました。このように学級の荒れを予防・解決するためには，問題行動を起こす生徒だけではなく，一人ひとり学級の全員と信頼関係を構築することが必要です。

　それでは，教師が生徒から信頼を獲得するためには何が大切でしょうか。それは，一人ひとりとコミュニケーションをとることは大前提として，生徒に対して正直に接し，真摯に対応することです。子どもは大人が思っている以上に人を見抜く力があるので，感情に任せた指導やごまかしをしていたのでは信頼は得られません。たとえば，教師がミスをしたときは正直に謝ったり，生徒が最終的に理解して納得できるような指導をしたりすること等です。その他，具体的な方法はそれぞれの教師のキャラクターに合ったものがあると思います。当たり前のことですが，生徒と信頼関係を結ぶ方法も，大人である他人と信頼関係を結ぶ方法も全く同じです。

3

教育の今日的問題

# 子どもの学習意欲

岡田 涼

意欲的に取り組めば学業成績は上がるのですか？

　皆さんは，テストや模擬試験などで失敗したときに，「もっとやる気を出さないとだめだ」と怒られたことはありませんか。あるいは，通信簿の評定が良かったときに，「今学期はがんばったからな」と感じた経験はないでしょうか。方向性は違いますが，いずれも「やる気を出すこと」「がんばって取り組むこと」が，学業成績につながるという見方を反映しています。これはおそらく割と一般的な見方で，「やる気」や「がんばり」，つまり「学習意欲」が学業成績につながると考えられることは多いと思います。

　一方で，学業成績とはあまり関係なく，学習意欲そのものを大事にしようとする考え方もあるかもしれません。たとえ学業成績につながらなかったとしても，意欲的に取り組むことそれ自体が大事であるという考え方もあるようです。たとえば，教職関係の授業で，教育評価に関するトピックを扱うことがあります。その際，学生にレポートを書いてもらうと，「子どものがんばりを評価してあげたい」とか「成績が良くなくても，児童・生徒が努力した過程を評価に含めるべきだ」といった意見がよく出されます。また，学校教育法に示される学力の３要素は，①基礎的な知識・技能，②課題解決に必要な思考力・判断力・表現力，③主体的に学習に取り組む態度，です。このなかの③は学習意欲に相当するものですので，意欲的に取り組むこと自体が日本の学校教育で目指すべき学力として位置づけられているともいえます。

　学習意欲の高さが学業成績につながるかどうかは気になるところです。両者の関係のあり方によって授業の構想や指導の仕方は変わってくるでしょうし，「がんばること」の意義をどのように伝えるべきかも違ってきます。学習意欲と学業成績の関係をどのように考えればよいのでしょうか。

学校現場における学習意欲への関心

　現在の学校現場では学習意欲に強く課題意識をもっています。その一つの契機となったのは，経済協力開発機構（OECD）が実施している国際学力テスト「学習到達度調査（PISA）」だと思われます。PISA は，2000 年から世界数十か国の子どもたちを対象として行われている学力テストで，2003 年に日本の子どもたちの順位が低下したことを指して PISA ショックと呼ばれました。PISAでは，学力テストに併せて学習に関するさまざま質問がなされ，その中に学習に対する関心や意欲の指標となる質問（「○○で学ぶ内容に興味がある」など）が含まれています。報道などでは，これらの質問に対する回答から日本の子どもの学習意欲の低さが指摘されてきました（朝日新聞 2007 年 12 月 5 日朝刊）。

　また，日本独自の全国的な調査として，全国学力・学習状況調査が行われています。この調査でも，国語，算数・数学，理科の知識やその応用力を問うテスト問題に加えて，学習や生活環境に関するアンケート調査が行われます。アンケート調査には，学習意欲を問う質問（「○○の勉強は好きですか」など）があり，子どもたちの学習意欲の高さが調べられています。全国学力・学習状況調査の結果は，県別の集計がなされ，全国との比較がなされています。そのため，各都道府県の教育委員会や教育センターでは，全国平均との差に注目し，学習意欲の低さを課題としているところも少なくないようです。

　本当に日本の子どもの学習意欲が低いのかどうかは議論の余地があるところです（村山，2011）。しかし，学校現場の感覚としては，さまざまな外圧もあって，学習意欲を高めることが重要な課題として捉えられているのが現状です。

　そういった学習意欲に関する課題意識をもとに，学校現場では学習意欲の向上を目指す教育実践が行われています。学校現場で特に重視されているのは，「自ら学ぶ意欲」や「主体的に学ぶ意欲」です。「自ら学ぶ」や「主体的に学ぶ」という表現は，中央教育審議会が学校教育の基本的な方向性として示した「生きる力」の中に含まれている表現です（嶋野，2006）。各学校の研究主題や研究授業の指導案には，これらの言葉がよく登場します。自ら学ぶ意欲や主体的に学ぶ意欲を促すために，学習課題や教材の提示の仕方を考えたり，ペア活動やグループ活動を設定したりと，授業においてさまざまな工夫がなされています。

　その一方で，学習意欲の捉え難さを感じている教員も少なくないようです。

これまでにも評価の観点の中で、「関心・意欲・態度」の評価は難しいといわれてきました。自ら学ぶ意欲や主体的に学ぶ意欲が大事であることはわかるけれども、それをどのように評価したらよいかがわからないという話をよく聞きます。そういった状況を考えると、自ら学ぶ意欲や主体的に学ぶ意欲といったときにイメージする子どもの姿は、人によってそれぞれ少しずつ違っているかもしれません。

　学習意欲というもの自体の捉え難さはあるものの、多くの学校現場では子どもの学習意欲を高めることに大きな関心をもっています。そして、日々の実践のなかで、子どもたちの学習意欲向上に向けた取り組みが行われています。しかし、必ずしも学習意欲の向上を学業成績とつなげて考えているわけではないかもしれません。学校が掲げる研究主題や研究授業の指導案を見ても、学習意欲を高めることはそれ自体が目標とされていることが多く、いわゆる「学力向上」のための手段としては位置づけられていません。むしろ、子どもたちの「できる」「わかる」という経験を学習意欲向上のための要素として位置づけている場合が多いようにも思われます。この「できる」「わかる」という経験は、ある程度学力テストなどの成績に反映されるものですので、学業成績が後の学習意欲につながることを想定していると考えることもできます。

　また、ときには学習意欲と学業成績は両立しにくいものと考えられることもあるようです。以前に、ある先生から「授業の中で意欲の面を大事にしようとすると、学力面がどうも追い付かなくなる」というようなことを聞いたことがあります。ここでいう「学力」は、おそらくテストの成績に反映されるような「できる」「わかる」という側面のことでしょう。不思議な発言だと思いつつ、言わんとするところも何となくわかります。授業で扱わなければいけない範囲は広いので、子どもの興味や関心を引くことを大事にしすぎると、すべての範囲をカバーするのが難しくなるということだと思います。いわゆる基礎学力を身につけさせることと、授業のなかで興味をひくような教材を提示することを同時に行うのは難しいということです。

　このように、学校現場では学習意欲を大事にしつつも、学業成績との関係については多様な見方があるようです。学習意欲の捉え難さと相まって、学業成績との関係をどのように考えればよいかを思案しているというのが現状かもしれません。

動機づけと学業成績との関係

　学習意欲の問題については,「動機づけ（motivation）」という視点で多くの研究が行われてきました。動機づけに関する研究を眺め渡してみると,学習意欲と学業成績との関係はより複雑なものであることが見えてきます。

　先に述べたように,学校現場では「自ら学ぶ意欲」が大事にされています。ただし,自ら学ぶ意欲といってもその内実はさまざまです。たとえば,「戦国武将のことをもっと知りたい」といったような興味や好奇心に裏づけられた学習意欲も自ら学ぶ意欲ですし,「授業の内容が自分の将来にとって大事だと思うから一生懸命取り組む」というのも自ら学ぶ意欲だといえます。動機づけに関する理論は数多くありますが,その一つとして自己決定理論（Deci & Ryan, 2015）があります。この理論では,自ら学ぶ意欲に相当する動機づけとして,学習内容に対する興味や好奇心に基づく「内発的動機づけ」と,学習内容に対する価値づけや重要性に基づく「同一化的調整」を想定しています。「興味をもって自分から学ぶ」のも「大事だと思って自分から学ぶ」のも,自ら学ぶ意欲だというわけです。これらの動機づけと学業成績との関連についても多くの研究が行われてきましたが,内発的動機づけが学業成績につながることを示す研究もあれば（Taylor et al., 2014）,内発的動機づけよりも同一化的調整のほうが学業成績との関連が強いとしている研究もあります（岡田, 2012）。

　仮に学習意欲の高さが学業成績につながるとして,それはなぜなのでしょうか。学習内容に興味をもっているだけで,自動的にテストの点数が上がるわけではありません。学習意欲と学業成績とをつなぐ何かがあるはずです。動機づけは学業成績以外にも多くの要因と関連することが示されています。たとえば,先に紹介した内発的動機づけや同一化的調整は,効果的な学習の仕方を示す学習方略の使用を促したり（市原・新井, 2006；西村ら, 2011）,仲間との協同的な学習活動を促すことが明らかにされています（岡田, 2008）。それだけでなく,欠席日数（Otis et al., 2005）や学校の楽しさとの関連も報告されています（Patrick et al., 1993）。ただし,どの要因がもっとも学業成績につながるかを示した研究はありません。わかっているのは,学習意欲と学業成績とをつなぐ仕組みが非常に複雑で,そこにはさまざまな要因が絡んでいるということです。

　学習意欲が学業成績につながるかというとき,学習意欲が「原因」で,そ

の「結果」として学業成績がついてくるという順序を暗に考えています。しかし，学習意欲から学業成績という方向性だけを考えていてよいのでしょうか。動機づけの高さが後の学業成績に関連することを示す研究はあります（西村ら，2011）。意欲的に取り組んでいる子どもが，後のテストで良い点をとるというわけです。その一方で，学業成績が後の動機づけにつながることを示唆する研究もあります。シンプキンスら（Simpkins et al., 2006）が行った調査では，小学5年生時点で学業成績が高かった児童は，1年後の小学6年生時点あるいは5年後の高校1年生時点で，教科に対する動機づけ（興味や重要性）が高くなっていました。一概に学習意欲が学業成績の原因であるとは言い切れないようです。

　学習意欲と学業成績との関係に思いをめぐらせるとき，私たちは「意欲的に取り組めば学業成績は上がるのか」という視点で考えがちです。しかし，そういった一元的な見方をしていては，学習意欲と学業成績の関係を十分には理解できません。まず学習意欲の質を問う必要があります。それなしには学習意欲の問題を論じることすらできません。また，仮にある種の学習意欲が学業成績につながったとして，その事実だけを捉えても特に何かがわかった気はしません。なぜ学習意欲が学業成績につながるのかを問うことが必要です。その「なぜ」にあたる部分は，個々の子どもや状況によって異なりますし，いくつもの要因が絡み合っていることもありえます。さらには，無条件に学習意欲を学業成績の原因として考えることもできません。学習意欲が学業成績を高めることもあれば，反対に学業成績が学習意欲を高めることもあるでしょう。何かの出来事を機に，学習意欲と学業成績が同時に高まることもあるかもしれません。

　学習意欲と学業成績との関係は複雑です。考えるべき視点はここで紹介した以外にもあるはずです。「学習意欲が学業成績につながる」と言うことで，どのような子どもの姿を捉えようとしているのかを常に問い続けることが必要です。

■ 考えるための読書案内

鹿毛雅治（編）(2009)．モティベーションをまなぶ12の理論—ゼロからわかる「やる気の心理学」— 金剛出版
　学習意欲について考えるための，動機づけの理論について，具体的な研究結果をもとに幅広く解説されています。

コラム
授業中の子どもの意欲や行動，成績と教師

江村早紀

　子どもはなぜ勉強するのでしょうか。仕方なく，勉強が好きだから，ほめられたいから……。さまざまな理由が考えられます。教師が子どもの学習を支援できるのは授業ですから，授業中の様子を例に，考えてみたいと思います。

　勉強が嫌いで，漢字を読むのも苦手，授業中にきちんとノートをとることも稀……。劣等感が強く，国語の授業にはあまり前向きに参加することができない子どもがいました。しかし，ある物語の学習に入ると，いたずら好きの主人公が自分とよく似ていることから興味をもち，子どもの様子が一変しました。たどたどしいながらも大声で音読練習を繰り返し，本文を暗唱できるまでになりました。主人公の様子を想像し，ワークシートにたくさん書き込みました。まるで別人のように意欲的に授業に参加し，発表もがんばりました。けれども，いざテストをすると，結果は以前とあまり変わらないものでした。よく考えてみると，当たり前の結果です。音読する際には，暗唱しているので，漢字と読み方が結びついているわけではありません。物語の内容は学習を通してある程度きちんと理解することはできていましたが，問題の意味が理解できなかったり，答えの書き方がわからなかったり，文字を書くのに時間がかかったり……。子どもはこれまでにないくらい意欲的に授業に参加したのですが，成績には結びつきませんでした。

　成績や学習に関する子どもの行動を左右しそうな要因として，教科や単元の好き嫌い，その日の体調や機嫌などさまざまなものが考えられ，これらが複雑に絡み合っていることや波があることは容易に想像できます。行動や意欲を生起させる要因がたくさんあり，その日によって変動していくということは，支援への活路もまたたくさんあるといえるのではないでしょうか。また，導入を工夫し，授業を盛り上げることで，はじめはつまらなそうにしていた子どもが，周りの友達の楽しそうな様子につられ，授業に吸い込まれていく姿を度々目にすることがあります。友達と関わることで意欲的になれるのは，学校の授業ならではだと思います。

　授業中，教師は絶えず子どもとコミュニケーションをとっているのですから，教師の行動も子どもの意欲には大きく影響します（吉田・山下，1987）。場に応じた教師の表情，言葉がけなどにより，子どもたちはさらに意欲的に授業に参加したり学習に取り組んだりできることもあるのです。子どもが必要としている支援をするためにも，授業力を磨くとともに，授業中の支援の癖や行動など，常に自身を振り返ることも大切なのではないでしょうか。

2 発達障害

赤木和重・古村真帆

発達障害児に対する特別な配慮は「当たり前」ですか？

　近年，通常学級において，発達障害のある子どもの存在がクローズアップされるようになりました。文部科学省によって2012（平成24）年度に実施された「通常の学級に在籍する発達障害の可能性のある特別な教育的支援を必要とする児童生徒に関する調査」によれば，発達障害の可能性のある子どもは6.5％であることが明らかにされました。現在，発達障害のある子どもが，教室に複数在籍することが日常になっています。

　この事実に伴い，発達障害のある子どもへの特別な配慮の必要性が指摘されるようになりました。たとえば，計算に困難を抱える学習障害（Learning Disorder; LD）児に対して，テスト時に計算機の使用を認める指導や，じっと座ることが難しい注意欠如/多動性障害（Attention-Deficit/ Hyperactivity Disorder; AD/HD）児に対し，保健室への用事を頼むなどして動くことを保障する指導が挙げられます。他にも，感覚過敏があるために，靴下を履くことができない自閉症スペクトラム障害（Autism Spectrum Disorder; ASD）児に対し，「無理して靴下を履かなくてよい」とする指導も見られます。また，味覚過敏のため，偏食がきついASD児に対しては，「白米のみを配膳し，家から持参したふりかけをかけてもかまわない」という指導も見られます。

　このような特別な配慮は，障害の理解を深めれば深めるほど，必然性を感じます。実際，2016年に制定された障害者差別解消法では，正当な理由なく，障害を理由に差別することを禁じています。

　こうしてみると，発達障害児への特別な配慮の必要性は当たり前のように思えます。しかし学級集団もしくは授業という単位で指導を考えた場合，「本当に当たり前として考えてよいのかな？」という迷いや疑問が生まれます。

「発達障害児に対する特別な配慮」という意見が通りにくい現実

「発達障害児への特別な配慮は必要」という当たり前に思える意見が，必ずしも通らない現実が，学校現場にはあります。二つの理由が考えられます。いずれも平等をどう捉えるかが関係しています。

横並びの学校文化　一つ目の理由として，横並び体質の教師集団・学校文化が挙げられます。ある小学校・通常学級の先生は，感覚過敏や対人関係の不安さがあって教室に入れない子どものために，少しでも落ち着いていられるように「ダンボールハウス」を作ろうとしました。しかし，「他のクラスの先生の目が気になって……」とその案を実行するのを躊躇していました。「他のクラスと異なる独自の指導をしてはいけない」という教師集団の意向が影響しているというのです。必ずしも他のクラスの担任が「勝手なことをするな」と直接，口に出すわけではありません。しかし，暗黙裡に他の先生の意向を忖度する場合が往々にしてあります。特に近年は教師集団において，子ども理解と対応を機械的に一致させようする傾向が強くなっています（赤木，2017a）。

たとえば，「ユニバーサルデザインに基づく授業づくり（以下，UD授業）」が注目されています。「特別な支援が必要な子を含めて，通常学級の全員の子が，楽しく学び合い『わかる・できる』ことを目指す授業デザイン」というものです（小貫・桂，2014）。UD授業の特徴の一つは，障害特性に配慮するのは，どの先生でも共通だとして，学年・学校で対応を統一する傾向が強い点にあります。石垣（2016）は，「机の上に置く物の位置を統一する」「黒板の前面の掲示物をなくす」「持ち物の統一」が，学年・学校で「共通理解・共通実践」として進めている小学校があると報告しています。このような特別支援教育の発展が，皮肉にも，それぞれの先生が自由に教育実践を進めるのを阻害することにつながっています。

もちろん，このような雰囲気は，UD授業だけでなく，学校文化が強く影響しており，個々の学校によって状況は異なります。しかし，それをさしひいても，「学年・学校間で同じ指導をしよう」とする意識が強く，そのことが，発達障害のある子どもへの特別な配慮を行うことへの妨げになっています。

「特別扱い」問題　「発達障害児への特別な配慮は必要」という当たり前にも思える意見が通らない二つ目の理由として，学級集団内において「特別扱い」

問題が起こりやすいことが挙げられます。「特別扱い」問題とは，定型発達児が，発達障害児が受ける個別支援に対し，不公平感や不満を感じている状態のことをさします（赤木，2018）。発達障害児にとって適切と思って行われる特別な配慮が，学級集団のなかでは「特別扱い」「ずるい」という現象として顕在化してしまうことがしばしば見られます。

　たとえば，AD/HD の子どもが授業中に立ち歩く行動に対して，教師が特別に配慮することは，その子の障害特性をふまえた場合，適切な指導です。このような指導をすることで，AD/HD の子どもはイライラすることなく，学校生活を送ることができます。

　しかし，その一方で，他の子どもたちは，その支援を「適切」と思っていないかもしれません。「自分は授業がわからなくても我慢して座っている。なのに，あの子は，保健室に行けるし，立ち歩いても怒られない。あの子だけ，ずるい」と感じる子どもがいても不思議ではありません。「白ご飯だけ食べて，ふりかけをかける」という ASD のある子どもへの指導も同じ問題を抱えます。他の子どもにとっては，「自分はがんばって野菜を食べているのに，あの子だけなぜ白ご飯だけでいいの？」と思うのは，ある意味当然ともいえます。

　実際，発達障害児の特性に応じた配慮に対して，他の子から「ずるい」という意見が出た実践も報告されています。たとえば，公立小学校の教員である石垣（2011）は，計算に困難を抱える 5 年生の児童に計算機や九九表を渡したところ，他の児童から「なんで優成だけやねん，ずるいぞ」という声が出たことを報告しています。石垣（2011）は，他の子どもにも計算機の使用を認めるという対応をしましたが，このように，その子にとって「よかれ」と思われた指導が，他の子どもにとってはそうでない状況を引き起こすことがあります。

　そのため「発達障害のある子どもへの特別な配慮は必要だと思うけど，学級集団全体での指導を考えると，個別の配慮を行うことは難しい」という声が教師から出ているのが現実です。「発達障害のある子どもへの特別な配慮は必要である」という当たり前とも思える正論が，学級集団という単位で見た場合，簡単には成り立ちません。

発達障害児への特別な配慮と学級集団の指導とを両立させる視点

　前節であげた2点のうち，特に後者の問題（「特別扱い」問題）にしぼって論じます。重要だと思われる視点を三つ提起します。

　障害理解教育をすすめる　一つ目は，特別な配慮をする理由を，他の子どもたちに理解してもらう視点です。発達障害のある児童に対する特別な配慮が，他児から見れば「ずるい」「納得がいかない」と感じるのは，配慮を行う理由が納得されていないからです。障害についての理解が不十分であるために「ずるい」という言葉が出てくるのでしょう。

　そこで，「ずるい」と発言する子どもたちに対して，特別な配慮が必要な理由を，障害特性と関連づけながら説明していく必要があります。たとえば，感覚過敏のために靴下を履くことができないASD児については，「〇〇君は，暑くて履かないのではなく，靴下がチクチク刺さるように痛いので履けないんだよ。みんなだって，針がささったような靴下を履くことはできないよね」と，その子の特性を，他の児童にわかるように説明します。このような視点は，障害理解教育と呼ばれ，多くの実践が行われてきました（水野，2016；曽山，2016）。

　「ずるい」と発言する子どもの気持ちをつかむ：僕のことを見てほしい　二つ目は，「ずるい」と言った子どもの気持ちを理解して指導をすすめる視点です。すべての子どもが「ずるい」と言っているわけではありません。そうであれば，「ずるい」と言う子どもはその背景に何らかの思いがあるはずです。

　この点について，河村（2005）は，「ずるい」と言う子どもの言葉は，「僕ももっと気にかけてほしい」という願いの現れではないかと指摘しています。自分の気持ちを受け止めてもらっていないとき，「不公平」を意識します。教師から受け止められていないと感じる子どもほど，特別な配慮に不寛容で，「ずるい」と感じることが多い可能性があります。

　実際，山本・赤木（2017）は，小学生を対象に，他児への特別な配慮に対する意識と，「教師から自分は受け止められている」という感覚（被受容感）との関連を実証的に検討しました。その結果，特別な配慮のある指導に肯定的でなかった児童は，そうでない児童に比べて，「教師から受容されている」感覚が低いことが明らかになりました。山本・赤木（2017）の結果は，「ずるい」といった子どもの思いを探り，彼らを受容していく方向性の教育が重要であることを

示唆しています。

「みんな同じ」教育を見直す　三つ目は，教育のあり方そのものを検討する視点です。「ずるい」と言った／言われた子どもではなく，「ずるい」という言葉を生み出した教育のあり方を今一度問い直す視点です。「ずるい」という言葉が出る背景には，「みんな同じ姿勢で授業を受けなければいけない」といった「みんな同じ」を求める価値観があります。もし「みんなそれぞれでよい」教育であれば，計算機を使っても，靴下を履かなくても，「ずるい」という言葉は出てきません。「特別扱い」そのものが成り立ちません。

「みんな同じ」教育は，当たり前のように感じます。しかし，世界に目を移せば，決してそうではありません。アメリカの多くの小学校では，ランチの準備ができた子どもから自由に食べ始めます（赤木，2017b）。この事実は，日本の教育が「みんな同じ」に知らず知らずに，縛られていることを示しています。

このように考えれば「特別扱い」問題への対処を考えるのではなく，「特別扱い」を生み出さざるをえない「みんな同じ」教育的価値観を問い直し，教育方法を組み替えていく発想が生まれます。実際，公立中学校の教師である石川（2016）は，読書の時間に「合法的立ち歩き」と称し，どの場所でも，どの姿勢でも読書してよいと推奨します。石川（2016）の実践は子どもの学びの多様性を認めることで「ずるい」という声を生成させない教室空間を創りだしています。

複眼的に現象を捉える　「特別扱い」問題は，「ずるい」と言われた子どもに注目するか，「ずるい」と言った子どもに注目するか，もしくは，「ずるい」という言葉を生み出す教育に注目するのかによって，理解や対応が変わります。教育問題の「正解」は一つではありません。複眼的な視点をもって子どものことを考えたいですね。

■ 考えるための読書案内

赤木 和重（2017）．アメリカの教室に入ってみた―貧困地区の公立学校から超インクルーシブ教育まで―　ひとなる書房
　アメリカのインクルーシブ教育の実情を知るとともに，アメリカを通して日本のインクルーシブ教育を考えることができる1冊です。

コラム

発達障害のある子を含めた通常学級における集団づくり（学級経営）で大事にしていること

中村 力

「特別な配慮＜授業・学級づくり」が大前提

　特別支援教育への理解が進み，「発達に障害のある子には特別な配慮が必要である」と大学の講義やさまざまな書籍，研修等を通して何度も聞く機会があります。しかし，その言葉にとらわれて，4月の学級スタート時点から特定の子どもへの特別扱いが目立ったり，周りの子どもに配慮や理解を求めたりすると，「なんであの子だけ」と反発が生まれるのは当然です。大前提として，まずは学級にいる全員が心地よさを感じる授業や学級づくりをするための土台を築くことが大切です。おそらく，配慮の必要な子は待ってはくれません。4月初めから教室を飛び出したり，暴れたりして対応を迫られるでしょう。そんなときは，担任一人で抱え込まずに，個別の対応は応援をお願いすることも大切です。配慮の必要な子どもが教室に入りにくい子であれば，授業時間に関われない分，休み時間や放課後にたっぷり関わっていけばいいんです。「あなたが安心していられる教室をつくるからね」と心の中で誓いながら，4月は授業と学級づくりの土台を築くことをできる限り優先しましょう。

学級経営の土台づくりの3本柱

　①ルールづくり　どれだけ配慮の必要な子がいようとも，学級集団をまとめるためには，ルールが必要です。ピンと張り詰めた空気で全員が守るべきルールを伝え，守れないときは誰が相手でも毅然として叱ることが大切です。ルールの大切さを丁寧に説明し，ゲーム等を活用しながらルールを守ったほうが心地よいと実感できるようにすると，配慮の必要な子がルールを守れなくても，「ずるい」とは誰も思わなくなります。

　②関係づくり　配慮の必要な子どもに限らず，学級全員と担任が関係をつくることが大切です。難しく考えず，授業中に褒めたり，一緒に遊んだり，おしゃべりしたり，日記を通してコミュニケーションしたりしながら，一人ひとりとつながる意識が大切です。

　③雰囲気づくり　配慮の必要な子どもが教室で大声を出したり歩き回ったりする場合，担任がどれだけ気をつけても教室内の雰囲気は重たくなりがちです。でも，それは担任の意識一つで変えられます。ゲームをしたり，歌を歌ったり，読み聞かせ等も雰囲気づくりにつながります。何より，担任がニコニコ上機嫌でいることが一番です。そのためには，一人で抱え込まないこと，1年間で結果を出そうと焦らないことです。「うまくいかないこともあるさ」と割り切ることで，僕自身も苦しい状況を乗り越えてきました。「みんなちがって，みんないい」は担任の先生にも当てはまるのですから。

子どもの社会性

大久保智生

子どもや若者の社会性は低下しているのですか？

　近年，いたるところで子どもや若者が変わった，危険であるという声を聞くことができます。特に，長年教育現場で子どもを見てきたベテランの教師から「子どもたちが変わってしまって，どのように対応してよいのかわからない」などという声を聞くと，「長年子どもを見てきたベテランの教師が言うのならば，そうに違いない」と考えてしまっても不思議ではないと思います（大久保, 2018）。

　現代では子どもや若者をめぐる問題や事件は数多く報道され，子どもや若者は一般に否定的に語られ，過去と比較して悪くなった点や低下した点が話題になることが多いといえます。こうした報道では，過去と比較して，「昔の子どもや若者は良かった」などと言われますが，実際はどうなのでしょうか。とりわけ，コミュニケーション能力や規範意識の著しい低下などはさまざまな人たちが指摘しています。ここでは社会性の低下について，コミュニケーション能力や規範意識の観点から考えていきましょう。心理学ではコミュニケーション能力は社会的スキルとして捉えられることが多く，数多くの研究が行われており，規範意識についても，規範意識の醸成は問題行動や犯罪の対策として重要な課題となっており，こちらも数多くの研究が行われています。こうした研究の知見は何を私たちにもたらしてくれるのでしょうか。

　さらに，今の子どもや若者は社会性が低下してきているのだから，学校現場で対応をしなくてはならないと考えられています。子どもや若者の社会性を向上させるさまざまなプログラムが開発されていますが，こうしたプログラムを実施すると社会性は向上し，めでたしめでたしとなるのでしょうか。この章では，子どもや若者の社会性をめぐる問題について，どのような現実があるのか，そして心理学ではどのように捉えられるのかについて考えていきましょう。

教育現場における子どもや若者の社会性をめぐる問題の現実

　子どもや若者の社会性は過去と比べて低下しているのか，教師は社会性の低下についてどのように考えているのか，現在，子どもや若者の社会性を高めるためにどのような対応がされているのか，教育現場における子どもや若者の社会性をめぐる問題の現実について見ていきましょう。

　子どもや若者の社会性が過去と比べて低下しているのかについて，コミュニケーション能力と規範意識の低下の観点から見ていきましょう。コミュニケーション能力については，過去と比較して特に低下していないことが大久保・澤邉・赤塚（2014）の調査によって明らかにされ，子どものコミュニケーション能力が低下したと考える理由については，マスメディアによる少年犯罪の増加という誤った報道の影響があることが示されています。規範意識についても，過去と比較して低下していないことが栃木県総合教育センター（2011）の調査によって明らかとなっていますが，そもそも，子どもや若者の大半は道徳・規範に反抗・抵抗は考えていないことも指摘されています（浜島，2006）。

　また，問題行動をする子どもや若者は社会性が低下しているとも考えられています。しかし，これまでの研究において，非行少年は必ずしも社会的スキルが欠如しているわけではないこと（磯部ら，2004）や，いじめの加害者は他者の心を読む能力に長けていたり，社会的スキルが高いこと（Sutton et al., 1999; 大野，2008）などが明らかになっています。若者を対象とした研究においても，規範意識や社会的スキルよりも，問題行動の情報に触れることや環境に適応していることのほうが問題行動の要因となっていること（大久保・西本，2016）が明らかとなっており，単純に社会性の低下のみが問題行動を招くとはいえない可能性があります。

　こうした研究結果を勘案すると，子どもや若者の社会性が過去と比較して一概に低下しているとはいえないこと，社会性の低下が一概に問題行動の原因となっているとはいえないことがわかるのではないでしょうか。先述の栃木県総合教育センター（2011）の調査では，規範意識が低下していないことが明らかになったことによって，頭を抱えたという話を聞きました。つまり，大人にとって子どもや若者の社会性が高くなっていると困るのです。大人からすると，社会性が低くなっていて問題だから，効果的な対応が必要だというロジックし

かないため，社会性が低下していないと都合が悪いというのが現実です。

　それでは，教育現場で実際に子どもと関わっている教師は，子どもの社会性をどのように見ているのでしょうか。約6割の教師が子どものコミュニケーション能力が低下し，規範意識が低下してきていると考えていることが大久保・中川（2014）の調査によって明らかとなっています。この調査では，その中でも多くのベテランの教師は子どもの社会性が低下してきていると考えていることが示されていますが，その一方で，若い教師は子どもの社会性は変わらない，むしろ高まっていると考えていることも示されています。子どもの社会性が変わらない，高くなったと考える理由としては，自身の子ども時代との比較が多いことも明らかとなっており，教師自身の経験を相対化することの重要性が示唆されています（大久保・中川，2014）。こうした結果を勘案すると，6割の教師が子どもの社会性が低下してきていると考えているから，子どもの社会性が低下しているに違いないというように単純に結論づけられる話ではないことはわかるかと思います。

　現在，子どもや若者の社会性の低下への効果的な対応として，学校現場ではさまざまな社会性を向上させるプログラムが実施されています。社会性を向上させるプログラムの効果の検証が多くの研究で行われており，実施後は社会性が向上するといった結果が得られています。しかし，プログラムを行えば，常に思ったような効果が得られるわけではありません。たとえば，社会的スキル訓練が児童・生徒の適応を高めるという研究を知り，社会的スキル訓練を実施すれば学級の課題が解決されると考え，荒れている学級で集団での社会的スキル訓練を実施しようとしたらどうなるでしょうか。そもそも授業が円滑に進められない状態では社会的スキル訓練の実施は限りなく不可能に近いといえますが，仮に実施できて社会性が高まったからといって学級の課題が解決されるとは限りません。なぜなら，現代の学級においては，一昔前のように教師が力で抑えつけることは難しくなっており，さらに指導力不足教員などの問題もあり，社会性だけが学級の課題の原因とはいえないことが多いからです。もちろんプログラムによって課題が解決されるなどの効果があり，それが持続する場合もあると思いますが，一時的な効果はあっても効果が持続しない場合もあるのが現実です。

子どもや若者の社会性をめぐる問題を捉える視点

　心理学では，子どもや若者の社会性をめぐる問題をどのように捉えられるのでしょうか。別の見方も可能なのか，考えていきましょう。

　社会性の発達　子どもは学校の中で教師を含めた大人や仲間との関係の中で社会性を発達させていくと考えられます。その中で，社会性が一時的に低下することはこれまでの研究からも明らかとなっています。たとえば，規範意識の低下は時代による変化よりも加齢による変化のほうが大きいことが示されています（高橋，2003）。この低下は，認知発達理論が論じるように，規範の理解が進み，自ら判断しようとしていることの現れとして捉えられます（山岸，2002）。つまり，規範意識の低下は質的な変化であり，発達の一過程として捉えられるのです。したがって，加齢による規範意識の低下は，一般に考えられている未学習によるモラルの低下ではなく，心理学的には発達的変化とみなすことができるのです（有光・藤澤，2015）。

　また，社会性が欠如しているから問題行動をするという考え方だけではなく，社会性を発達させていく中で問題行動をするという考え方もありえます。たとえば，相手の気持ちが読めるからこそ周到ないじめが準備でき，スキルが高いからこそ，いじめを行使できるようになるというわけです（澤田・大久保，2017）。社会性があるから，ないからという個人の問題ではなく，周りの人間関係も含めて，ないように見える行動をあえてとっているという見方もできます。

　コミュニケーションの結果としての社会性　子どもや若者の社会性の低下が叫ばれていますが，社会性が過去と比較して低下しているかどうかは，どちらでもよいのかもしれません。仮に社会性が低下していても，教育現場ではコミュニケーションをとらなくてはならないからです。そもそもコミュニケーションがうまくいかないというのは片方の側にのみ帰属できる問題ではありません（大久保，2011）。子どもや若者の社会性が低いという可能性もありますが，大人の側の社会性が低いという可能性も捨てきれません。コミュニケーションは双方の問題ですので，子どもの社会性だけに問題を見るのはおかしいといえます（大久保，2018）。さらに，社会性はコミュニケーションの結果としても捉えられますが，多くの場合コミュニケーションがうまくいかないことを社会性のせいにしてしまっているといえます。

また，教師の見る子どもの姿が否定的であるのか肯定的であるのかについても，誰しも必ずバイアスがかかってしまうため，どちらが正しいとはいえない可能性があります。このように考えると，近藤（1994）が教師の普段気づくことのない子どもを見る視点の重要性を指摘しているように，教師が子どもをどのように見ているのかについて振り返ることが重要になるといえます。若い教師のほうが子どもとの距離が近く，ベテランの教師になると子どもとの距離が遠くなることも示されていますが，若い教師とベテランの教師が同じことを言っても，それに対する子どもの受け取り方や反応は確実に変わりますので，子どもが変わったように見えるかもしれません。もちろんベテラン教師には子どもが変わった点が見えるかもしれませんが，経験と加齢とともに自らも変わり，子どもとの関係も変わっていった結果とも考えられるわけです（大久保, 2018）。

社会性を高めるプログラムから日々の関わりへ　多くの研究成果が得られている社会的スキル訓練などのさまざまな社会性を向上させるプログラムは，実施すれば問題を解決する特効薬ではないといえます。教育に特効薬があるのならば，問題はとっくの昔になくなっているでしょう。ただし，プログラムには効果がないと結論づけるのも早計です。プログラムの効果があるかないかではなく，どのように活用するのかという視点もありえます。プログラムについては，問題を解決するものではなく，プログラムの実施により，日々の関わりを見つめなおす契機と捉えられるからです。プログラムの実施により，対象となる子どもへの効果だけでなく，実施する教師が自らの日々の関わりを振り返るという効果も期待できます。問題が起きた際には目の前の子どもや若者の社会性の低下が原因なのか，むしろ結果として社会性が低下しているように見えるのか，自らの日々の関わりや見方を振り返ることが重要になるといえます。

　このように，子どもや若者の社会性をめぐる問題は大人がどのように子どもや若者を見るのかという問題と切り離して論じることは難しいといえます。ぜひ一度，自分の見方について振り返り，さまざまな角度から考えてみてください。

■ **考えるための読書案内**
近藤 邦夫（1994）. 教師と子どもの関係づくり　東京大学出版会
　教師の子どもを見る視点に注目して，教師と子どもの関係づくりについて論じています。教育に携わる者として読んでおきたい一冊です。

コラム

子どもたちの社会性とは

尾﨑沙織

　「社会性のある子ども」と聞いて，どのような子どもが思い浮かぶでしょうか。友達がたくさんいて，明るい社交性のある子どもでしょうか，大人（先生）の話をよく聞き，決められたことをきちんと守れる子ども，あるいはグループのリーダー的存在となる子どもでしょうか。

　幼少期の私自身を振り返ってみると，怒られることを嫌うために，大人（先生）に言われたことは着実に守る，リーダー的行動はできないのに，毎年学級委員には選ばれるといった「社会性のある」部分と「社会性のない」部分を持ち合わせているような子どもだったようです。そして，関わってくださった先生方や友達等の良い影響で，社会性を身に付けられてきたように思います。

　近年，子どもの「社会性」の欠如が指摘されています。しかし，小学校段階の子どもたちは，学校生活の中で，社会性を身に付けている過程であり，そこで出会う大人（教師）やなかま（学級集団）がどのように関わっていくかが重要になってくるのではないかと私は考えています。

　学級担任をしていると，「学級がうまくいっていない」と何度も感じることがあります。そんなとき，私は「自分が子どもたちをどのように見ているか」と一人ひとりの記録ノートを振り返ることにしてきました。さらに，自分の視点だけでなく，同僚に相談することで，客観的に振り返るようにもしてきました。これは，学生時代に学んできた「教師と子どもの関係づくり」（近藤，1994）を意識しているからです。

　教師一年目のはじめての学級。子どもたちに出会う前，前担任（ベテラン先生）から詳しく一人ひとりの実態を聞きました。小学校入学当初から「こういう子だ」という一方的な見方しかされてこなかった子どもたちが何人もいることに驚きました。

　これまで数々の問題行動をしてきたA君。4月当初は全く心を開こうとしません。新しい気持ちで一人ひとりの子どもたちと関わろうと意識して一年，完全に心を開いているわけではありませんでしたが，気がつけば，問題行動はほとんどなくなっていました。そして，現在高校生に進学したA君の活躍ぶりを耳にしています。きっと私がそうであったように，その後出会えた大人（教師）やなかま（学級集団）の良い影響で社会性をどんどん身に付けていけたのでしょう。

　近年，経験年数を積み，自分の子どもの見方を振り返る機会が減ってきているなあと反省しているところです。社会性を身に付けていく子どもたちの大切な時期に関わる一教師として，多面的な見方で日々の活動を振り返っていくことを大切にしていかなければなりません。

道徳教育

藤澤　文

子どもを主体にして道徳授業を行えばいいのですか？

　この度の学習指導要領の改訂にあたり，道徳の時間は1958（昭和33）年に決定された「特設」から「特別の教科　道徳」へと教科化されます。また，これからの道徳の授業では「考え議論する道徳」授業を年間35時間実施することが期待されます。この決定に伴い，数年前からどのように「考え議論する道徳」授業を行うかについて教育委員会（教員研修を担当），教師（児童生徒の道徳の授業を担当），研究者（教員養成を担当）などがそれぞれの立場から検討してきています。ここでは，教師（を目指す人）を対象に話を進めます。

　これまでの「特設」時代においても道徳の授業は年間35時間（毎週1時間）行うこと，年間計画を立て学年により定められた内容項目について網羅的に触れること，授業では多様な教材を用いて，幅広い考え方に触れることなどが期待されてきました。しかし，国公私立を問わず教職課程を履修する大学生に小学校あるいは中学校時代にどのような道徳の授業を受けたかを質問すると，実にさまざまな回答が返ってきます。「道徳の教科書＊を読んだ（＊副読本といいます）」「先生の話を聞いた」「いつもビデオを見た！」「心のノート」という回答もありますが，「全く覚えてない！」「サッカー」「席替え」「補習，テスト勉強」などの回答もあります。あるいは私立校出身者の場合には「建学の精神」について学んだという方もいます。

　こうしてみると道徳の時間には実にさまざまなことが行われてきており，広く考えれば，これまで心の成長に貢献してきたともいえそうです。しかし，「特別の教科　道徳」への転換にあたり，今後，教師は子どもが「考え議論する」ことのできる道徳の授業を実施し，それを評価する必要もあります。それでは，子ども主体の道徳の授業をどのように行えばいいのでしょうか。

学校における道徳の授業の現実

　本来，道徳の時間には道徳の授業が行われることが普通ですが，実際にはさまざまなことが行われているという現実があります。以下では，道徳の時間に道徳の授業が行われにくい理由を見ていきます。

　道徳の授業で行うこと　学校教育における年間を通じた道徳の授業は，都道府県市区町村の各教育委員会が示す指導方針（永田・藤澤，2010a）および学校や地域の現状をふまえたうえで全体指導計画，年間指導計画が立てられます。そして，具体的な毎回の授業はクラスあるいは学年単位で進める場合，道徳教育推進教師（各学校に配置される道徳教育を推進する教師）が学内の道徳授業をリードしていく場合などがあります。各授業では内容項目と呼ばれる学習指導要領に定められる価値項目群（「主として自分自身に関すること」「主として人との関わりに関すること」「主として集団や社会との関わりに関すること」「主として生命や自然，崇高なものとの関わりに関すること」の4つに分けられており，それぞれが複数の内容項目を含んでいます）の中から一つあるいは二つくらいを選択し，授業で取り上げ，その価値について理解を深めます（内容項目数：小学校低学年 19，中学年 20，高学年 22，中学校 22）。時代のニーズに合わせて重要視されるテーマ（例：金融教育，情報モラル，キャリア教育，いじめ）もあります（柄本・藤澤，2015）。また，各教育委員会によって地域のニーズを満たすテーマが示されることもあります。

　年間35時間の道徳授業では，内容項目のそれぞれを1年間のどのタイミングで，どのような教材（ストーリー）やツール（例：副読本，DVD，紙芝居，新聞記事，絵本）を使い，どのように教えるかは年間指導計画に従い，学校行事などと関連させて配置されます（永田・藤澤，2012）。さらに，毎回の授業の計画に際しては学習指導案を執筆します。授業中に行う教師の発問（特に，中心発問）が授業の方向性に大きく影響しますので，教師は児童生徒の反応を予測しながら執筆することになります。

　このように書くと，いずれの学校においても年間35時間（毎週1回），いずれかの内容項目に関わる子ども主体の道徳の授業が行われていることになります。それにもかかわらず，どうして道徳の時間に道徳の授業を行っていないような回答（例：席替え，サッカー）が少なからず生じるのでしょうか。

道徳の授業が行われにくい理由　学校現場では現実には限られた時間の中で年間カリキュラムや学校行事をこなしていく必要があり，全体的に授業時間が不足する傾向があります。その場合に，他の科目ではなく道徳の授業がそれらに代替されることがあるようです。その理由は大きく二つ考えられます。

第一に，教師自身が（道徳授業をあまり受けてきていないためか）道徳の時間に何をするのか，道徳の時間の何が重要かを理解しにくく，結果として優先順位を下げていることが考えられます。これは戦前・戦後を挟んで日本における道徳の授業の位置づけが大きく変わったことに由来する部分もあるように思います。日本が第二次世界大戦の反省を踏まえ，道徳で何を教えるかについて真剣に考えた結果，道徳の授業で何を教えるかに関して結論が出にくくなりました。その結果，何を教えるかに関してわかりにくいという形で現在まで授業のやりにくさが継承されてしまっているともいえます。道徳の授業に関しては賛否両論あるようですが，広く教育とはその人自身の過去の経験に負うところがあり，経験に依存するといわれます。そのため，教師自身が学校で道徳の授業を受けた経験（あるいは記憶）が少ないあるいはない場合に道徳の授業を行うことが他の科目を教えることよりも困難に思えてくる（決められた時間数通り実施されにくい）のかもしれません（道徳授業に関する教師の悩みの詳細は，前田（2015）参照）。

第二に，現在，大学の教員養成課程では「道徳の指導法」にあたる科目は2単位（15回）のみであり（例外的に，道徳の教職科目を理論及び実践各2単位としている大学があります（永田・藤澤，2010b）），道徳の授業を実践するまでを教えることができていない可能性が挙げられます。2単位の中では道徳教育にまつわる理論（道徳思想，道徳心理学，道徳教育の歴史（戦前・戦後），外国の道徳教育，学校における道徳教育，学習指導案の書き方，道徳の評価，さまざまな教育活動と道徳教育などのテーマ）を一通り身に付ける必要がありますが，それ自体，複数の専門分野に関わる幅広い内容が含まれます（東京学芸大学総合的道徳教育プログラム編，2011）。そのため，15回の講義の中で道徳の理論的内容を包括的に学び，なおかつ実際に道徳の授業を行うスキルまでを身に付けることは時間的にも難しいと考えられます。よって，道徳の授業実践までを経験してから教壇に立てる学生は少ないといえます。

これからの道徳の授業

　これまでの道徳の授業を歴史的観点，学校現場の制約，教員養成課程の実態などの観点から包括的に見てきました。それでは，これらを踏まえて，子どもたちが主体となる「考え議論する道徳」授業を行うことを考えていく際に必要なポイントを示したいと思います。

　まずは道徳の授業を行ってみる　ここまで書きましたように，どの人も道徳の授業について完成した状態から教員生活をスタートするわけでもなく，一つのやり方でやらなくてはならないわけでもありません。また，道徳の授業は同じ教材を用いたとしても，実施時期，学年，学校行事との関連，使用するツールの種類，内容項目や中心発問はさまざまに異なるため（永田・藤澤，2012），十人十色の道徳授業が展開されます。同じ教材を用いても授業者（の発問）によりさまざまに展開でき，同じ学習指導案を用いても児童生徒の発言が同じではない点が人によっては道徳の授業を扱いにくいと感じさせるのかもしれません。しかし，その点が授業者の個性を出したり，考えたりすることのできるところだと肯定的に捉えることもできます。道徳の授業は授業に先立って正解や100点はなく，授業後に子どもたちがさまざまな考えに触れ，広く議論することができたという思いを共有できたときが満点に近い授業の一つとなるのかもしれません。

　他の授業者の授業を観察してみる　道徳の授業を行い，回数を重ねていくと，次の問題が出てきます。どうもしっくりいかない，思ったような成果が出ていないのではないか。そのようなときには，複数の他者による道徳の授業を見ることも一つの方法です。たとえば，東京都では道徳の授業の公開が義務づけられており，学生，教師，地域住民など誰でも参観できます（事前に学校へ問い合わせすることを推奨します）。人によっては「見る」方を先に行いたい人もいると思います。

　道徳の授業では授業だけではなく生徒同士あるいは教師と生徒の距離感，クラスの掲示物や雰囲気（ざわつき，話しやすさ）などにも多くの情報が隠れています。道徳の授業は50分間だけ独立して存在しているわけではなく，日々の安定した学級経営というベースの上に成立しています。たとえば，日ごろから児童生徒とのコミュニケーションを心掛ける程度の高い教師の道徳授業ほど，

授業中に挙手が多く，自由な発言が飛び交う光景が見られます。一方，授業中の発言が多い授業が考えを深められる授業というわけでもありません。

「考え議論する道徳」授業を行う上で考えること　これまでの道徳の授業では国内外を問わず，相手の心情の読み取りに焦点が置かれてきました (Senland & Higgins-D'Alessandro, 2013)。そのため，道徳授業では副読本を読んだり，ビデオを見たりする活動が頻度高く取り入れられてきました（永田・藤澤，2012）。これに加えて，これからは「考え議論する道徳」授業を行い，その評価をつけるという新しい課題が含まれます。

現在，全国の小中学校で，どうすれば「考え議論する道徳」の授業を行うことができるかが実験的に検討されています。たとえば，「考え議論する道徳」を行う方法の一つとして討論を用いた道徳の授業が推奨されており（渡邉・押谷・渡邊・小川，2016)，その一手法として「モラルジレンマ討論」があります (Araki, 2014; 荒木，2013)。「モラルジレンマ討論」とは複数の立場や価値が葛藤するモラルジレンマ課題を用いて，どうすればよいかを考え議論していくタイプの道徳授業です。道徳の授業を行う中で，どのようなモラルジレンマ課題や中心発問が子どもたちにモラルジレンマを引き起こし，議論を促すか。発達年齢により議論の進め方をどのように教えるか。モラルジレンマ討論の経験により子どもの（教師の）どのような側面が発達するか，といった課題が生じてきます。進めるほどに新たな課題が生じると思いますが，モラルジレンマ討論を実施する中で，ある種の価値を取り上げ，さまざまに議論し，多様な価値や考え方に触れる（いろいろな人の立場や考え方に触れる）ところをどのように生かすことができるかがポイントになると考えられます。

最　後　に　道徳の授業では先に述べた通り，全体として決まっている部分もあります。その一方で，他の科目と同様に子どもたちの多様な考えをいかに引き出し，考えを深めさせることができるかについては授業者の一人ひとりに委ねられています。よって，これからの道徳の授業を行う人には，まずは挑戦をしてもらいたいと思います。

■ **考えるための読書案内**
J. ライマー・D. P. パオリット・R. H. ハーシュ（著）荒木紀幸（監訳）(2004). 道徳性を発達させる授業のコツ―ピアジェとコールバーグの到達点　北大路書房
　認知発達をもとに討論を用いた楽しい道徳授業を考えることができます。

考え議論する道徳

キャリア教育

安達智子

キャリア教育は"やりたいこと"を見つけさせることですか？

「大きくなったら何になりたい？」今も昔もこのような問いが，よく子どもたちに投げかけられます。筆者が子どもの頃には，まだキャリア教育というものは行われていませんでしたが，それでも「将来何をやりたい？」などとよく尋ねられたものです。そして，どうやら先生たちは，「野球選手になりたい」「ケーキ屋さんになりたい」といった明確な答えが子どもたちから返ってくることを期待していたようです。現在行われているキャリア教育でも，10年後，20年後になりたい自分を思い描いたり，やりたいことを見つける活動がよく行われています。また，文部科学省（2011）も，自分のやりたいことやよいと思うことを考え，進んで取り組むことを小学校におけるキャリア教育のテーマに挙げています。なるほど，早い段階からやりたいことを見つけ，それに向かって努力する子どもというのは，一つの理想的な姿といえそうです。しかし，子どもたちは働いた経験がありませんし，仕事に関する知識もごく限られています。単なるイメージや好き嫌いでやりたいことを語っているのかもしれません。それなのに，やりたいことを決めさせることが子どもたちの将来へプラスに働くのでしょうか。

「計画された偶発性理論」を提唱するクルンボルツ＆レヴィン（2005）は，キャリア形成の8割は予測し得ない偶然に左右されていると報告しています。つまり，現実社会のキャリア形成では，予定していた通りに達成できるほうが珍しいのです。また，偶然が否応なく作用するのであれば，それを避けるのではなく積極的に活用すればよいと述べています。ならば，早いうちから「自分はこれがやりたい」と決め打ちさせるような方向性は間違っているのでしょうか。次節では，キャリア教育が行われるようになった背景を振り返り，それを受けた現場では，どのような活動が展開されているかを見ていきましょう。

キャリア教育の実際

　キャリア教育の歴史はそれほど古いものではありません。キャリア教育という言葉が公に使用されたのは1999年の中央教育審議会の答申「初等中等教育と高等教育との接続の改善について」においてです。当時は，フリーターの増加や進学も就職もしないニート，就職しても早々と離職する若者が増えており，こうした若者の就労問題を解決するためにも，職業観や勤労観を早いうちから育んでいく必要があるとの問題意識がありました（浦上，2010）。また，従来の進路指導は進学指導に偏っているとの認識も共有されており，進学だけでなく学校と職業のつながりを持たせる指導という意味合いでキャリア教育という言葉が用いられるようになりました（浦上，2010）。

　このような背景により導入されたキャリア教育は，他の教科とは違って教科書というものがありません。何を目標としてどのような活動をするのか，誰が担当するのか，何年生を対象とするかについても統一された見解はありません。これがキャリア教育の難しさであり醍醐味ともいえるでしょう。では，実際に学校現場ではどのようなかたちでキャリア教育が導入されているのでしょうか。

　現行のキャリア教育は，ワークシートなどを用いて自分の適性や興味について考える「自己理解型」，仕事や社会について知識や情報を収集する「調べ学習型」，働く人々や活躍する卒業生，あるいは身近な大人から話を聴く「人材活用型」，そして，職場を見学したり仕事を体験したりする「見学・体験型」の4つに分けられます。また，これらを補う形で事前学習，ディスカッション，発表，事後学習などが取り入れられています。

　また，キャリア教育という特別な枠組だけでなく，子どもたちの学びや生活のなかにキャリア形成の仕掛けをつくり出す工夫もたくさん行われています。たとえば，道徳の時間に自分や他者との関係について考え自己理解や他者理解を深める，家庭科の授業を通して生涯に使うお金を計算したり賢い消費者になることを学ぶ，また，日々の学校生活における係や日直，清掃などを通じて生活上の役割や責任を学ぶことなどが挙げられます（大阪府教育委員会，2012）。さらには，放課後やクラブ活動も工夫次第で子どもたちのキャリア形成を刺激する活動となるでしょう。

　現在各学校では，これらの活動を組み合わせる形でユニークなキャリア教育

が展開されています。しかしながら，それぞれの活動を統合させることが難しいというのが現状といえそうです。たとえば，自己理解型の活動によって見つけたやりたいことが，他の活動と関連づけられずに宙ぶらりんになっていることがよく見受けられます。望ましくは，やりたいことが社会ではどのような位置づけにあるのかを調べ学習し，その仕事についているのはどんな人かをインタビューで知り，それを実際に見学・体験してみるといった形で，子どもたちのやりたいことと現実社会を近づけるための工夫が求められます。

やりたいことや希望を持たせるだけの単なる自己理解型キャリア教育については，やはり批判の声が聴かれます。たとえば児美川（2013）は，やりたいことを通して子どもたちに目標や夢をもたせることの意義を認めつつも，やりたいこと一辺倒のキャリア教育の危うさを指摘しています。つまりキャリア教育は，夢ややりたいことによって児童生徒の希望や向上心を加熱させる機能と，現実世界を見つめてやりたいこととできることの折り合いをつけさせる冷却機能の二つを兼ね備える必要があるということです。

また，安達（2016）は，現代社会にはやりたいことや夢を焚きつけるような方向づけや仕事紹介が蔓延していることを指摘しています。たとえば，TVでは夢を実現させた達人たちの姿がフォーカスされ，雑誌では，成功者のインタビュー記事や「なりたい自分になる」ためのハウツーが紹介されています。そうした情報に基づいて児童生徒が見つけてきた少々リアルさに欠けるやりたいことと，リアルな世界のすり合わせを行わせるのがキャリア教育の役割といえるでしょう。すなわち，10年後，20年後に「こうなりたい自分」や「やりたい仕事」を描かせるだけでなく，やりたいことの実現可能性，必要な条件，今から準備できることなどについて自ら調べ考え，ときには夢や目標を修正したり調整することができるような力を養いたいものです。

さらに，変化の激しい世の中では仕事や働き方も目まぐるしく変化しています。現在ある仕事の半分ほどが近い将来，コンピュータやロボットに取って代わられるという試算もあるほどです（Frey & Osborne, 2013）。どうやらこれからの仕事社会において予測不可能な事態は避けて通れそうにありません。このような状況下では，やりたいことと変化する社会の間を行ったり来たりしながらキャリアを形成していく力が必要になりそうです。

キャリア形成のさまざまな視点

この節では，キャリアにまつわる4つの視点をふまえながら，子どもたちのやりたいことをどのように社会とつないでいくかについて考えていきましょう。

自己理解 自分は何に関心があり，どのようなことが得意か，逆に不得意なことは何か……このように自分自身について知ることが自己理解で，自己理解型の活動はキャリア教育では欠かせない柱になっています。しかし最近の流れとして，他にはない個性をよしとする傾向が強く，子どもたちに対して「オンリーワンになれ」「個性を大切に」というメッセージがさかんに発信されているようです。これはもちろん大切なことなのですが，ややもすると子どもたちはユニークな自分や他とは違う「やりたいこと」を見つけ出すことに駆り立てられたり，自分らしさに拘るあまり社会との接点を見失ってしまうかもしれません。個性を大切にしながらも，その個性がよりよいかたちで発揮できるような着地点を，子ども自身がどのようにつくっていけるかという視点を忘れないでいたいものです。

社会のリアルを学ぶ 転職やリストラが珍しくなくなった今の時代は，会社にお任せではなく自分のキャリアは自分で舵を取っていかなければなりません。このような時代において，本田（2013）は社会のリアルを伝えて「適応」と「抵抗」ができるように児童生徒を育てる必要があると主張しています。つまり，仕事に必要な知識やスキルなどについて学ぶことが適応で，これは，やりたいことを社会で実現させるために必須の事項といえるでしょう。現行のキャリア教育でもさかんに取り入れられています。一方，私たちは不当な扱いに対して声をあげることや自分の権利を主張することもできなくてはなりません。これがすなわち抵抗で，労働者の権利についての知識，実践，批判に必要なスキルを身につけることがこれに当たります。抵抗についての要素がキャリア教育に取り入れられるようになったのは最近のことですが，労働法規，相談窓口，援助の求め方などを学ぶ兵庫県の取り組みを好事例として挙げることができます（兵庫県教育委員会，2014）。

コミュニケーションと人的ネットワーク キャリア形成では二つの「コミュ力」がものをいいます。一つは，皆さんもご存知のように人々と気持ちよくやりとりをする力で，こちらのコミュ力を育む働きかけは現行のキャリア教育

でもよく取り入れられています。他の一つは，人間関係形成能力ともいわれるもので人的ネットワークを構築していく力です。たとえばグラノヴェター（Granovetter, 1998）が，転職者の人的ネットワークを調べたところ，毎週会うという強い紐帯のような関係よりも，めったに会わないが続いている弱い紐帯の関係性が有利であることが見出されました。つまり，弱い紐帯を結び，切れないように保つことで，新しい視点を得たり思いがけないチャンスを手にする可能性が高くなるということです。子どもたちにとっての弱い紐帯は転校してしまった友人かもしれないし，卒業した学校の先生ということもあるでしょう。頻繁に会うわけではないが，いざというときに頼れるような人間関係を形成していく力は，将来，子どもたちがやりたいことを実現していく過程において直接的にも間接的にも影響を及ぼすでしょう。

不確かな時代のキャリア　敷かれたレールに乗るだけで安泰とはいえなくなった今の時代のキャリア形成は，汽車から自動車そしてブルドーザーへ変遷してきたと表現されています（下村, 2013）。すなわち，汽車は一度乗ればあとは目的地まで安心という終身雇用におけるキャリア形成といえます。それが自動車になると，自分でスピードや方向をコントロールして運転しなければならなくなりました。そして近い未来には，道なき道を自分で切り開いて進んでいくブルドーザーの時代になるというわけです。キャリア教育には，これさえやっていれば大丈夫という正解はありません。しかし，さまざまな視点や活動が有機的につながったときに，子どもたちのやりたいことが現実に近づいてくるのではないでしょうか。そのためには，地域や家庭などのさまざまな資源を活用しながら，キャリア教育の仕掛けを子どもたちの暮らしのあちこちにつくり出すことが期待されます。

■ **考えるための読書案内**

藤田晃之（2014）．キャリア教育基礎論—正しい理解と実践のために— 実業之日本社
　キャリア教育とは何なのか，キャリア教育にまつわる誤解，効用，そして課題などさまざまな側面からキャリア教育について理解を深めることができます。

5　キャリア教育

時代によって，子どものロールモデルは変わる…

4

教師に関わる問題

職員室の人間関係

牧　郁子

なぜ職員室の雰囲気は学校によって異なるのですか？

　教育実習の学生から話を聞いていると、さまざまな感想があがってきます。「先生方がみんな親切で、少し困っているとすぐ声をかけてくれた」「研究授業の準備をしていたら、残業していた先生方がアドバイスしてくれた」という声もあれば、「先生方が忙しそうで、聞きたくても聞けなかった」「先生方の関係性がぎくしゃくしていて、職員室に居づらかった」といった声もあります。つまり学校現場によって、教師の対応や教師の人間関係といった職員室の雰囲気が違うのです。

　また筆者もスクールカウンセラーや教育相談員として、さまざまな学校へうかがってきたのですが、あるとき、職員室の雰囲気と子どもの様子に関係があることに気づきました。

　学校現場では授業や指導は主に教室で行われますが、それが終わると教師は職員室にあるそれぞれの席に戻って、校務に関わる仕事をしたり、同僚間で情報交換したりすることが一般的です。ところが学校によって、放課後に教師の多くが職員室に戻ってきて校務や情報交換がさかんに行われる学校と、教師のほとんどが職員室に戻ってこない学校があることに気づきました。

　教育実習生もカウンセラーも関わった学校が違うので、それぞれの職員室の雰囲気が違うのも当然といえば当然かもしれません。その一方で、双方が感じた職員室の雰囲気の違いには、教師集団の精神的余裕や情報交換のしやすさ・しにくさという共通点も認められます。次節ではこうした点も含めて、職員室の雰囲気の違いを生む要因を、現場の現実から考えていきましょう。

職員室の雰囲気における現実

　一見すると教師の仕事は「授業」と「児童生徒指導」が主で，朝8時くらいから始まって，授業や部活後の18時くらいに終業というイメージがあるかと思います。しかし実際は18時以降にも，明日の授業準備・校務に関わる諸会議・保護者面談・児童生徒への家庭訪問などの仕事があり，多くの学校では，教職員が20時過ぎまで残業することも珍しくありません。これに加えて，土日も部活指導や地域の行事への参加等の予定が入ることもあります。さらに近年の学校現場では不登校・いじめ・問題行動（非行・児童生徒間暴力・対教師暴力）など，学校では児童生徒の多様な問題が日々起きています。加えて，保護者からの学校や先生への要望，国から課せられたプロジェクトの推進など，直接的な子どもへの対応以外でも，その負担が増加しています。つまり，先生たちが日々対応を迫られる業務負担は，先に挙げた校務に関わる物理的負担に加えて，対児童生徒・保護者などの精神的負担にも及んでいます。

　こうした現実を反映してか，文部科学省による「平成28年度公立学校教職員の人事行政状況調査」で，先生方の病気休職者のうち53%が精神疾患によるものであり，ここのところこうした状態が継続していることが報告されています。このような現状を踏まえると，ストレスを抱える先生方が多いことは容易に想像できるでしょう。

　事実，以前筆者が関わっていた学校で，学級崩壊を起こしているクラスのことで同僚教師が「何とかしてあげたいが，自分のクラスも大変で，何もしてあげられない」「自分のクラスが影響を受けないように必死です」といった言葉を聞いたことがあります。いずれも，現場の先生方の余裕のなさを反映した言葉だと思います。先生たちも人間ですから，ストレスがたまれば精神的余裕をなくすのは当然だと思います。

　こうした教師集団の精神的余裕のなさは，新任教師の育成にも影響を与えます。近年，新任教師の早期退職が問題になっていますが，その要因の一つとして，新任教師を支える教師集団の余裕のなさが指摘されているのです（四国新聞，2008）。実際，新任教師となった元学生たちの話の中で，「先輩教師に聞きたいことがあっても，忙しそうで遠慮してしまう」ということをよく耳にします。これまで新任教師は，「教師をする（being a teacher）ことで教師になる」

といわれてきましたが，最近「教師をすることによる経験が現状に追いつかない」ことが指摘されています。

その背景には，学校現場の子ども・保護者の問題が多様になり，中堅・ベテラン教師が精神的・物理的余裕を失った結果，新任教師の指導・育成までエネルギーが及ばなくなっている現実が関係しているように思います。その結果，児童生徒指導・学級運営・授業実践力に悩んだ新任教師が，自らの力をどう伸ばしたらよいのかわからないまま，自身に適性がないと判断し，学校現場を後にするといったことが増えているとも考えられます。

一方で，教師の物理的・精神的負担はあるものの，教師間の協働性が良好な学校や，新任教師への指導・育成がなされている学校もあります。

たとえば，学級崩壊を起こしていたクラスに対して，「あのクラスは今大変だから，みんなで担任の先生を支えよう」と，同学年の先生方が協力体制を組んでいた学校もあります。また児童生徒指導・学級運営・授業実践で何かあるたびに，ベテラン・中堅・新任の別なく，自由に相談しあっている学校もありました。こうした学校に共通しているのは，いろいろ問題が発生しても，学年や学校全体ですぐ情報を共有し，チームで問題解決が図られるという点です。

新任教師の対応でも，着任するとまず，副担任や負担の少ない校内分掌に配置して，「教師をすることで教師になる」経験を保証することに努めている学校もあります。また新任教師の指導・育成のために，放課後に模擬授業を通じて学びあうシステムを導入したり，ベテラン・中堅教師と交流できる研修等の機会を多く設けたりなどの工夫をしている学校もあります。こうした学校に共通しているのは，新任教師が安心して試行錯誤できる環境やシステムが整っている点です。

一般的に物理的・精神的負担がかかりやすい学校現場で，なぜ職員室の雰囲気にこのような違いが生み出されるのでしょうか？

次節では，教育学や教育心理学の研究に基づく知見もふまえながら，「職員室の雰囲気がどうやってつくられるのか」について，いろいろな角度から見てみましょう。

職員室の雰囲気を形成する要因

　それでは「職員室の雰囲気がつくられる要因」について，教育学・教育心理学の観点から，一緒に考えてみましょう。

　教師の個人の考え方　油布（1999）は新たな教師の価値観として，「自分の仕事だけやり，集団として協力して仕事をしようとしない」というプライバタイゼーション（privatization：私事化＝公より私を重視すること）を指摘しています。また今津（2000）は，プライバタイゼーション系教師の出現により教師間の協力体制が減少し，教師集団の問題解決力が低下すると指摘しています。また小林（1999）は，プライバタイゼーションの背景要因として，同年代で社会システムを変えようという若者文化から，自分と周囲の幸せを大事にする若者文化への，1970年代以降の世代的価値観の変化を指摘しています。

　学校現場で耳にする「最近の新人は飲みに誘ってもこない」といった話は，こうしたプライバタイゼーションの反映かもしれません。一方井口（2011）によると，新任教師は「常に先輩の先生方から査定されている」など，周囲の評価を気にしていることが示されています。先輩教師からすると「プライバタイゼーション」のように見える新任教師の行動も，新任教師からすると「先輩教師からの評価不安」などが，その背景にあるのかもしれません。

　教師間コミュニケーション　職員室で情報交換が盛んな学校では，ベテラン・中堅教師が率先して失敗談や児童生徒指導上の心配などをオープンに話している場面によく出くわします。そしてそんな職員室では，若手教師も積極的に雑談に加わったり，指導・授業の相談を同僚教師にできていることが多いのです。牧ら（2010）によると，援助抵抗が低い教師集団は協力体制が高いことが示されています。また中学校教師を対象とした田村・石隈（2001）の研究では，男性教師・女性教師ともに，同僚に助けてもらうことへの抵抗感があると，バーンアウトしやすい可能性が報告されています。教師は教育・指導に関する知識・経験に基づく専門性の高い仕事なので，弱音を吐いたり，できないことを認めにくい職業なのかもしれません。だからこそ，援助を求めやすい職員室の雰囲気をつくることは，精神的健康の観点からも大切なのかもしれません。

　職員室の年齢構成の影響　近年，団塊世代の退職に伴う新任教師の大量採用によって，その指導にあたる30〜40代の教師数が相対的に少なくなる現象が

起きています。その結果，先輩から後輩への児童生徒への指導方法が伝わりにくくなるという問題が出てきています（井原・牧，2014）。井原・牧（2014）によると，児童生徒への指導方法が共有されにくい学校現場では，教師間の協力体制が低下し，ストレス増加につながることが指摘されています。実際に新任教師が多い職場では，日々の児童生徒への対応に関して先輩教師に相談できないまま試行錯誤した結果，抱えきれない問題が発生してしまうこともあります。

管理職のリーダーシップ　西山・淵上・迫田（2009）の研究によると，校長先生が話し合いを重視して公平に教職員に対応する配慮型であると，職務意識の共有・多様な意見の尊重・同僚間の援助や助言のある職場風土が形成され，一方校長先生が学校経営の方針を明確に提示し教師への説得力が高い変革型であると，学校システムや教師の力量に影響することが示されています。また井原・牧（2015）でも，校長先生から教師への働きかけが多かったり，校長先生が教頭先生・主席教師と連携をとっていたりする学校は，指導方法の共有がうまくいっていることが示唆されています。以上から，校長先生のリーダーシップによって，職員室の雰囲気や学校組織のあり方が変わる可能性も示されています。

このように職員室の雰囲気は，教師の個人要因・教師間要因・教員構成要因・管理職要因など，多様な要因に起因している可能性が考えられます。

職員室の雰囲気を少しでも働きやすいものにするためには，教育行政の力を借りなければならない点もありますが，まずは私たち個人が「いま・ここからできることは何か」を考えてみることが大切なのかもしれません。

■ 考えるための読書案内
学校におけるチーム援助の進め方　2011年2月号　児童心理増刊　金子書房
　学校の雰囲気と関連する「教職員間の連携」について，管理職・教師・カウンセラー等の立場から，進め方の実際が書かれています。

コラム
快適な職員室の雰囲気づくりのために管理職として心掛けていること

井原啓裕

　人間関係において，化学変化という表現がしばしば用いられます。これは異なる個性が出会うことで，一人では到達し得ないような質の異なる力やアイディアを得て，物事が好転することを意味します。しかし，残念なことに，時として人間関係は思いもよらぬ方向にも動き，逆に悪化してしまう場合もあります。

　子どもたちのために，職員室は，教職員が持てる力を十二分に発揮し，その上で互いの力が寄り添い合い化学変化を起こす場所であってほしいと考えます。それゆえに，教職員が集まる職員室の雰囲気が思いもよらぬ方向に向かわないように，場の流れに任せずに管理する必要が生じます。校長や教頭が管理職と呼ばれる所以はここにあると思います。管理といっても，教職員をコントロールする（思いのままに操る）ことではありません。教職員間の関係を調整し，職員室が快適な場所となるように工夫することです。しかし，現実は言うは易し，行うは難しなのです。

　そこで教頭として常に心がけていることを，いくつか紹介します。一つ目は，教職員との信頼関係の構築です。信頼なくして，関係の調整は図れませんからね。教職員の声をいち早く受け止め，教職員の仕事の状況だけでなく心の状況も把握します。具体的には，教職員が話しかけてきたときには何をしていても応答することにしています。一度でも「後で」と伝えてしまうと「やはり教頭先生は忙しいのだな」と受け止めて，以後話しかけることを躊躇するようになります。いつ話しかけてもしっかりと向き合ってくれるという安心感を教職員には提供します。二つ目は，教職員の力を引き出すために丁寧な説明を行います。子どもを対象にしてアンケート調査を実施する場合などの場面で，目的の説明はもちろんのこと，子どもにとってどんな意味があるのかについても語ります。取り組みの価値についても説明を行うことで，教職員のモチベーションを高めます。学校は組織です。組織の一人ひとりが自発的に教育実践を行い有機的に結びつけば，個を超えた力が生まれ，子どもたちへの教育に還元されることにつながります。三つ目は教職員間の情報共有と教育観の開示を促します。そのために教職員間においても「報連相」を徹底させます。「報連相」を通して，学校状況を共有し，相談し，課題について語り合うことで，教職員がお互いの教育観を知ることが可能になります。

　いずれの行動も共通して根底に流れているのは，人を人として敬い，教育実践を主体にして，教職員を結びつけていくことです。これは経験だけから学んだのではなく，文献を通じて思考を深め学んだことでもあります。是非，皆さんは多くの人と出会い，多くの文献と向き合ってください。

教師のストレス

高木　亮

日本の教師のストレスは深刻なのですか？

　教師の職業ストレス関連の調査研究は文献検索サイト『CiNii』で検索しても数百に及びます。その中でよく示される論点を見てみましょう。

　「教師のストレスは特に深刻」や「教師の精神疾患による病気休職はその実数も病気休職全体に占める割合も1990年代ごろより急増して，2010年代の現在も高止まり中である」という書き出しが多くの研究に見られます。また，「バーンアウトや教師のストレスの原因は近年の教育困難の激化と教育現場の多忙化に原因がある」など，「近年」がよく言われます。個々の論点には「日本も米国も中学校教師はストレスが高いが，日本の教師はアルコール消費が高まる傾向がある」(中野ら，2008)や「近年の教育現場の混乱は教員評価などの新自由主義的な締め付けの影響」(油布，2010)とか，「教師のストレスにはソーシャルサポートが効果的でこれは教員評価にも緩和効果がある」(諏訪，2004；諏訪・高谷，2016)といった声もあります。他にも協働性や同僚性，ミドルリーダーなどが対策のキーワードによく上ります。逆に，「教師のいう多忙もストレスもアイデンティティの確認でありサバイバルストラテジーである」(油布，1995，2000)といった声もあります。つまり，教師ストレスは日本の学校の先生の実態の特徴や歴史的変遷，教育政策・教育行政の実態，学校教育の問題だけでなく，研究者自身の強調したい心理学・社会的概念の有効性の証明のための材料として活用されてきました。

　とはいえ，これらをそのまま信じてしまうのではなく，学校現場や教職という職域の多様な現状とともに，研究というものの持っている方法論の留意点などもあわせて考えてみることにしましょう。

指標は便利ですが，現実は多様

　日本には公私立をあわせれば幼稚園 13,835 園，小学校 19,943 校，中学校 10,228 校，高校 5,385 校，義務教育学校 22 校，中等教育学校 52 校，特別支援学校 1,106 校の学校が存在します。また，その本務者は 973,821 人です（平成 28 年度学校基本調査（速報））。平均値は便利ですが，得点の分布を省略した表記であり，たくさんの現場と人生を簡単に包括して「現実」を語りきることはできません。心理学のストレス過程のモデルは統計に基づいたわかりやすい科学的議論ですが，横断的データは一度きりのデータ収集で仮想の因果関係のモデルを検討するもので，測定したデータの範囲で説明を試みているものに過ぎないことも忘れてはいけません。

　他職種との比較なく，日本の教師対象の一度きりの調査データで「多忙化した」とか「不健康だ」「教育困難だ」「子どもが変わった」「学校現場の高齢化（新任教員の急増や新自由主義が挙がる場合もあり）が悪い」「日本の教師は大変」などというのは解釈の論点です。また，研究者は学位や仕事のために研究をしているわけですから「自分の作った尺度の有効性が証明されてほしい」「仮説が正しいといいたい」などという欲求があります。事実と解釈を分けて読み取ろうとする努力と資質がこれからの教師には必要です。

　教師ストレス研究は人生の負荷という刺激的なテーマを扱う関係上，書く人も読む人も感情的になりやすく，少し節操のない議論が多い印象があります。たとえば，モデルの適用範囲を超えてストレスの一番ショッキングなエピソードやメカニズムの部分が切り貼りされた「日本の教師のストレス」が示されることもあります。統計もエピソードもあくまで一人ひとりの教職生活にとっては参考にしかなりません。「教師として生きていくうえでそれぞれの固有な状況でどのように働きたいのか？」をまず考えてみてください。そのうえで自らの属性（性別や年代，勤務校種など）にあわせたより適切な参考情報を集めて，自らの教職生活と職場環境を改善しつづけようとする視点を持ってください。

　前頁に見た話を検討してみましょう。「精神疾患による病気休職」といっても，その前段階の「精神疾患による病気休暇」との区別が必要です。病気休職は教育公務員特例法を根拠とする教職員に限った制度であり，他の公務員統計では病気休暇しか公表されていません。「教師のほうが精神疾患による病気休職発

生率が高い」とする根拠を筆者は知りません。休暇と休職は異なるデータですが，伸び率を見たら教師の精神疾患による病気休職と東京都公務員の精神疾患による病気休暇（吉野，2007）も非常に似ています。「教師のみが精神疾患の長期の休みが増えている」かは疑問です。

　「日米の中学校教師の比較」についても 2000 年代前半の福島県の 427 名とテネシー州の 119 名の教師の比較です。希少性の高い調査データですが，「福島とテネシー州の中学校教師の比較」とすべきです。また，国税庁『酒のしおり』（2014 年 3 月）で日本酒の一人当たり消費量 4 位の福島県の地域性を踏まえれば，「福島県の」教師ストレスとお酒の課題とも考えられます。

　また，「新自由主義」という表現は曖昧で定義がはっきりしないまま論者の批判的な文脈に多用されやすい傾向があります。一方，「協働」や「ミドルリーダー」などの表現は定義がはっきりしないまま逆に，「有益」なものとして多用されている用語です。論文の考察や結論の前提として，「測定しているのか？」や「どのような測定なのか？」に注意が必要です。

　ストレス対策の実用性についての注意点もあります。たとえば，ソーシャルサポートについてはさまざまな定義がありますが，多用されている知覚されたソーシャルサポートは対人関係のストレスの原因の逆転項目的な性質も持っています（松井・浦，1998）。つまり，「ソーシャルサポートが有益である」は逆に言えば，「対人関係の困難な状況はストレスになっている」ことと同じ意味です。対人関係の良好さは大切ですが，このコントロールや介入の余地がなかなか難しいことは想像できるでしょう。しかし，これが「ソーシャルサポートが大切」と表現してしまえば，不思議と「実用的対策・改善」のような気がしてきますが，多分それは気のせいです。

　ストレスの一連のプロセスには原因としてのストレッサーと結果としての諸問題であるストレス反応，さらに両者を抑制することを期待されたコーピングがあります（詳しくは，佐藤・朝長，1997）。論文の解釈（考察）を鵜呑みにせず，質問項目の構成や収集データをしっかり見て，その統計諸数値の図表の意義を自分で解釈する訓練をしてください。その上で，自分の立つ 5 万超の中の一つの学校園，90 万人超の中の一人の教師として「できる改善」を想像し自らと職場を改善する力と未来への希望を大切にしてください。

実証的に教師ストレスの実態を探るための視点

「日本の教師の仕事はストレスが高く大変」なことを証明することも大切なのですが，研究をあくまで参考として読むことで自身と自らの職場の改善（課題を乗り越え，よい要素をより増やすことなど）を考えてみましょう。

個人属性と職場環境の属性を丁寧に整理する　日本にはコンビニ業界上位3チェーンの店舗数合計（駅のホームにある売店も1店とカウントします）より5千ほど少ない数の学校があります。採用試験合格後の先生（本務者）だけで世田谷区や山梨県の人口より多い教師がいます。これを平均化して「実態」としてわかってしまった気持ちになることを，まず危険と考えましょう。少し詳しく見るために，仕事の内容（職務）が大きく異なる学校種の違いや性別，年代を属性として整理する方法があります。具体的には幼稚園と小学校，中学校，高等学校，特別支援学校などです。小学校と中学校，特別支援学校は9割超が公立学校ですが幼稚園と高等学校は私立学園も多いので公立と私立も別物と考えていく必要があります。また，学校種に依存しない職種・職位として養護教諭や指導主事（教育行政勤務の教師）も独自の立場として押さえる必要があります。職員室などの職場環境の雰囲気はこれら属性を超えた尺度（数量化する質問紙の質問項目の内容とそのリスト）適用が可能ですから量的比較つまり「大変かどうか？」が検証可能です。しかし，職務（実際に行っている仕事の内実であり業務の集合）はこれらの属性により別の尺度作成が必要になります。つまり，性別や年代，学校種のストレスの違いは質の違いが存在するので量的比較は基本的にあまり適切ではありません。これらの結論は心理学研究の視点で大量の属性別教師比較を行った教師ストレス研究の集大成ともいえる研究（藤原ら，2009）の見解です。大切なことは，それぞれの属性ごとに描かれた研究成果を参考に自らと自らの職場に相応しい改善の論点を自分なりに考えていくことでしょう。

平均だけでなく得点の分布にも着目する　2006（平成18）年度に文部科学省委託の教師の多忙調査が行われています（東京大学，2007，2008）。この分析は平均化とモデルの検証という心理学研究でよく見かける手法とは別に，丁寧に得点の分布を学校属性，個人属性ごとに把握しようと努めた追加分析が報告されています。教師の勤務時間は個人差が大きく，平均化に基づいた把握が危険

であるとの指摘がなされ（青木，2009），多忙と多忙感，多忙化が別々の概念でありながら，これら概念の混用でこれまでの研究が混乱してきたこと（青木・神林，2013），時間的多忙については数量的な時間をマネジメントする姿勢が健康に効果的で（青木，2015），仕事の満足感を揺さぶる勤務時間の長さは職務の種類によって異なる傾向が示されつつあります（神林，2015）。また，やりがいを感じている教師ほどストレスを高く持っていること（鈴木，1993；秦・鳥越，2003）も教師のストレスを簡単に「悪いもの」と言い切ってしまいきれない証拠となっています。

キャリアのコストとしてのストレスの捉え方　ところで，「ストレスは高いとダメ」なのでしょうか。深刻に心身の健康を害するストレスは問題です。しかし，鈴木（1993）や秦・鳥越（2003）が示唆するようにストレスを感じても担う仕事の価値や動機づけ，満足を感じているからこそ，教師のストレスの高さが存在する一面もあるといえます。ストレスは全般的に「意味のあるストレスを担うこと」と「乗り越えられる範囲のストレスに挑むこと」「健康を害しない範囲にすること」が大切なのではないでしょうか。このような視点を意識すればストレスのデータの比較や平均値で教師の健康リスクを描くだけでなく，得られる人生の充実感やメリットをあわせて考えて，自分のキャリアと職場をよりよくする視点が必要であるといえます。教師として充実して生きていく上で，また育児や介護や自らの闘病といった私生活と仕事の調整で，ストレスは「なくすもの」ではなく「付き合うもの」ともいえます。付き合い方は自分で考えてください。

■ 考えるための読書案内
宮城県教職員組合（2012），東日本大震災教職員が語る子ども・いのち・未来　明石書店
　教師として生きていくうえで科学的根拠のある論文や議論は自ら探し判断して読み続けてください。一方，本章で示したように，論文や科学，エピソードは参考にしかできません。ここでは最も過酷なストレスを体験した教師や学校のたくさんの固有の記録とエピソードの詰まった書籍を紹介します。本書でストレス改善は大切ながら，それとはまた別に大切な，"学校で教師として生きていくための未来や希望の感じ方"を考えてみてください。

教師という職業人生の考え方（教職キャリア観）は人それぞれ

環境の変化と学校適応

金子泰之

子どもたちにとって環境移行を経験することは負担になるのですか？
　学校が始まる始業式当日，「仲の良い友達と同じクラスになるかな？」「担任の先生は誰かな？」と緊張しながらも，期待と不安が入り混じる中で学校に登校した記憶は，誰にも残っているのではないでしょうか。卒業と入学，進級とクラス替え，転校，就職，など，環境が大きく変わる環境移行は，誰もが経験したことがあると思います。筆者は中学2年に進級するときに，親の仕事の都合で転校しました。同じ県内での転校でしたが，車で3時間ほど離れた場所になります。方言が違う場所で生活することへの抵抗感，親しくしてきた友達と離れたことへの落胆，どんな先生がいて学校はどんな雰囲気なのか？といった不安など，複雑な心境で新しい学校に登校したことを思い出しました。
　ライフイベントの中で，ストレスを伴い精神疾患と結びつく可能性があるものを検討した社会的再適応評価尺度（Holmes & Rache, 1967）があります。1位から43位までのライフイベントがあり，1位は配偶者の死，2位は離婚となっています。その中で，就学・卒業は27位，学校を変わることは33位となっています。入学と卒業，転校などの出来事は，子どもたちにとってストレスを生じさせ，負担となるといえそうです。環境の変化は，子どもたちにさまざまな問題を生じさせるものとして教育現場では捉えられています。たとえば，幼稚園・保育園から小学校への移行においては，小1プロブレムと呼ばれる段差が指摘されています。小学校から中学校への移行においては，中1ギャップと呼ばれる段差が指摘されています。こういった小1プロブレムや中1ギャップへの対応としては，環境の変化を小さくし，移行期における子どもたちの負担を軽減することによって，子どもたちの学校適応を円滑に接続しようする動きが教育現場の現状です。次の節では，教育現場における環境移行についての取り組みについて，中1ギャップを通して考えてみましょう。

環境移行時における学校適応上の課題とその対策

　小学校から中学校への移行において，子どもたちがそのギャップを乗り越える際にどんな問題が起きているのかを概観しながら，移行ギャップを小さくしようとする方向に動いている理由を考えてみましょう。児童生徒の問題行動等生徒指導上の諸問題に関する調査（文部科学省，2017）のいじめと不登校に関する統計を参考にしてみたいと思います。

　まず，男女合わせた全体のいじめ認知件数を小4から見てみると，小4：25,394件，小5：24,186件，小6：20,282件，中1：31,157件，中2：19,703件，中3：8,842件となっています。いじめ認知件数の推移を見ると，小6から中1にかけての移行部分のみ，いじめ認知件数が増加しています。さらに，中1におけるいじめの認知件数が最も高くなっています。次に，不登校の児童生徒数を見ると，小6では9,091名，中1では24,776名，中2では36,249名，中3では37,383名となっています。中1の不登校数は小6の2.72倍，中2の不登校数は中1の1.46倍，中3の不登校数は中2の1.03倍となっており，小6から中1の差が一番大きくなっていることがわかります。こういった結果が中1ギャップ（神村・上野，2015）と呼ばれるものです。小学校から中学校への移行では，教科担任制，部活動，先輩後輩関係，など環境が大きく変化します。小学校と中学校では，それぞれの学校が持つ文化や環境が異なります。この学校環境の違いが子どもたちの負担となり，いじめや不登校といった形となって現れてくるということです。

　小学校から中学校にかけてのギャップ解消に関連して取り上げられるのが義務教育学校です。2016年に，改正された学校教育法が施行されました。この学校教育法では，小学校6年間と中学校3年間の計9年間の義務教育を一貫して行う義務教育学校が法的に位置づけられました。義務教育学校では，これまで小学校課程が6年，中学校課程が3年と分かれていたのを，9年間の義務教育として捉えます。小学校と中学校で6・3制と区分されていたのに対し，教育課程を5・4制や4・3・2制と区分することが可能になります。たとえば，4・3・2制と三つに区分することで，10歳の壁（渡辺，2011）といった子どもの発達段階に柔軟に対応した教育課程にすることができるといわれています。同じ敷地内に小学校の校舎と中学校の校舎を併設することで，小中学生が同一空

間で学校生活を過ごし，交流する機会を設けることもできます。小学校から中学校への進級時に子どもたちが感じる新しい環境への戸惑いや負担感を軽減でき，中1に増加するいじめや不登校も減少するのではないかと考えられています。小中学校間での連携を強くすることによって，子どもたちが小学校から中学校に進級するときに生じる環境の変化を小さくし，円滑な接続を目的の一つとするのが義務教育学校です。

　しかし，小中学校間の連携や円滑な接続によって，いじめや不登校など中1ギャップの問題を解決できると考えることには慎重になる必要があります。たとえば，生徒指導リーフ（国立教育政策研究所，2014）では，子どもたちのいじめ被害経験のデータに基づき，いじめ被害経験は中学校よりも小学校のほうが高いことを指摘しています。不登校についても，統計の見方を変えると，中1で不登校が急増するわけではないと指摘されています。

　誰を対象にして得られたデータなのか，その切り口によって教育現場の実態の見え方が異なってくるといえるでしょう。学校側の視点，子どもたちの視点，複数の視点から多面的に学校現場の実態を捉えることを意識することが重要といえるでしょう。

　小中一貫教育を行政の視点から考えてみると，別の実態が明らかになってきます。それは，自治体の財政問題（森，2016）です。今までの規模の公共施設を維持するだけの財政的な余裕がなくなる地方自治体にとっては，公立の小中学校を統廃合し，学校数を減らすことは，やむをえない選択となっています。財政の理由で学校数を減らすために学校統廃合を進めようとすると，地域住民からの反対も強くなります。しかし，子どもたちにとってギャップが少なく負担感を軽減できる小中一貫教育を行いたい，そのために学校を統廃合し，義務教育学校をつくるとすれば大義名分が立つというわけです。偏屈な見方と言われてしまうかもしれませんが，行政側の思惑をこのように解釈することもできるのです。

　ここで，教育心理学として重要なのは，子どもたちの立場に立ち，子どもたちは学校生活をどのように捉えているのかをデータに基づいて考えていくことです。環境の変化を児童生徒はどのように経験しているのか，その実態を多面的に見ていきましょう。

環境移行が負担になる子ども，環境移行によって救われる子ども

　環境移行は，子どもたちにとって負担でしかないのでしょうか。環境が新しく変わるとき，それを経験することは子どもの発達にネガティブな影響しか及ぼさないのでしょうか。環境が変わることを子どもたちがどう捉えているのかを多面的に捉えたいと思います。

　小学校から中学校への進級時における自尊心の変化　小学校から中学校への移行を子どもたちはどのように経験しているのかを自己に焦点を当てて明らかにした調査（都筑，2005）から見ていきます。都筑（2005）は，小4から中3年生までを対象にし，4年間にわたる縦断調査を実施しています。各年度において1学期と3学期に調査を実施しています。自尊心の変化を見ていくと，全体としては学年とともに自尊心は低下する傾向が見られるものの，小6の3学期から中1の1学期にかけて，すべてのコホートにおいて，自尊心の上昇が明らかになっています。中1ギャップと言われる小6から中1にかけての移行を，自尊心を切り口にして子どもたちの意識の変化を見ていくと，自尊心の上昇というポジティブな変化が生じていることがわかります。中学校への進級により，新しい環境になるからこそ子どもたちの意識にポジティブな変化が起きると考えられます。

　学校統廃合にともなう学校生活への楽しさの変化　環境移行のケースとして学校統廃合を経験する子どもたちの意識の変化の実態を明らかにした調査を見ていきたいと思います。学校統廃合は，児童生徒が所属する学校が，他の学校と合わさり一つの学校となります。学校に在籍する子どもの数が増え学校規模が大きくなったり，通学路や通学時間が変わったりします。公立中学校において，学校統廃合に伴う学校適応感の変化を，学校統廃合前の3月，統廃合から半年後の9月，統廃合から1年後の3月の3回にわたる縦断調査から検討した調査（金子，2009）があります。小規模校出身の生徒と大規模校の生徒を比較したところ，小規模校出身の中3は，統廃合前から統廃合後にかけて学校生活への楽しさが低下することが明らかとなりました。小規模校出身の中3にとって，中2までの2年間に慣れ親しんだ環境が，中3に進級した際に，学校統廃合によって変わります。この環境の変化が小規模校出身の中3の学校生活への楽しさを低下させたと考えられます。

小規模校出身の中3全体として分析すると，統廃合という環境移行は小規模校出身の生徒にとって負担となっていることがわかりましたが，金子（2010）は，学校統廃合を経験した小規模校の生徒の中で，学校統廃合という環境移行時にポジティブな変化が見られた群に着目して分析しています。小規模校出身の生徒91名のうち，学校統廃合後に学校生活への楽しさが上昇した群（ポジティブ群27名），学校への楽しさが低下した群（ネガティブ群60名）を比較し，教師からのソーシャルサポート得点と友人からのソーシャルサポート得点について分析しています。ソーシャルサポートとは，"あなたに元気がないとすぐに気づいて，はげましてくれる"といった項目から構成されています。

　分析した結果，統廃合後に学校への楽しさが上昇したポジティブ群は，教師と友人からのソーシャルサポート得点が上昇していることが明らかとなりました。学校統廃合前のポジティブ群の教師からのソーシャルサポート得点，友人からのソーシャルサポート得点，ともにネガティブ群と比べると低い値になっています。これは統計的に意味のある差です。したがって，ポジティブ群は，統廃合前に教師や友人との関係が良好ではなかったと解釈できます。小規模校出身の生徒のうち，もともと友人関係や教師関係をうまく築けていなかったと推測される生徒にとって，学校統廃合によって環境が変わることが，新しい対人関係を構築するチャンスになっていると考えられます。

　環境移行を画一的に捉えない　環境移行に強いストレスを感じる子どもたちもいれば，環境の変化があるからこそ，そこで成長する子どもや，環境が変わることによって救われる子どもがいることが調査結果から示唆されます。子どもたちの学校適応の実態は画一的に捉えられるものではないといえるでしょう。教育現場には，行政，地域，教員，卒業生，保護者などさまざまな立場の人間がそれぞれの思いや考えをもって関わります。軽視していけないのは，その学校に通う子どもたちです。さまざまな角度から，児童生徒の実態を理解し，学校現場で求められる取り組みを慎重に考え続ける姿勢を忘れてはいけないでしょう。

■ 考えるための読書案内
内田 良（2015）．教育という病　光文社
　教育現場で当たり前とされていることをさまざまな視点から疑って考える重要性がわかります。

3 環境の変化と学校適応　115

大人の連携が一番できていないのかも!?

教員評価

高松みどり

教員評価により教育の質は的確に測定できるのですか？

　近年，学校現場で導入された教員評価について，マスメディアを通してよく耳にするのは，ポジティブなものからネガティブなものまであります。

　ポジティブなものとしては，「教員評価により教員の教育の質を正しく測定でき，教員のモチベーションがあがる」といった声です。他方でネガティブなものとしては，「(先ほどと逆に)評価によって教育の質を的確に把握することができるのか」，また「評価者(校長)にその力があるのか」といった声です。

　教員サイドからもまたポジティブな声から，ネガティブな声まで耳にします。ポジティブなものとしては，教員評価によって，「教員の職能成長に関わるニーズを明らかにし，適切な研修を行うことで能力開発のあり方を改善」できるというものです。また，「評価結果を給与などの処遇に反映させることで教員の意欲向上をはかり，教育活動の効果を高める」という意見です(諏訪，2006)。

　こうした期待の基盤にあるのはおそらく，「教員評価によって教育の質を客観的に測定でき，ひいては学校全体の質を高めることができる」という信頼なのでしょう。

　それに対してネガティブなものとしては，教員がどう評価されるかということが気にかかり，「子どもを見ないで，評価者である校長の顔ばかりを見るようになる」という声です。また「教員の孤立化と教員集団の解体が進む」という不安の声も聞かれます(諏訪，2006)。

　このような声を耳にしますが，いずれにせよ問題になるのは「教員評価によって，教育の質が客観的に評価されるのか，されないのか」，という点に集約されるように思います。

　実際のところ，どうなのでしょうか。

教員評価による測定の実際

　以下ではその実際について見ていきましょう。学校現場で教員評価は，教員にどのように認識されているのでしょうか。ここでは，実際に教員評価を体験した小学校教員の声を取り上げます。

　諏訪（2006）は，中国地方の公立小学校・中学校・高校で，質問紙調査を行い，教員自身が政策をどう評価するか，分析しています。

　中でも諏訪は小学校教員に焦点を当てているのですが，その結果，まず，小学校教員の教員評価に関する認識について，以下のような一般的な傾向が見られたそうです。

　年齢の高い教員のほうが，教員評価制度をより低く評価し，主任担当者のほうが一般教員よりも教員評価を高く評価する傾向にあったといいます。前者についての理由はわかりませんが，後者に関しては，おそらく主任担当経験者は，評価する側に近い存在のため，政策に対して肯定的であったことが想定されます。

　次に質問紙調査の分析の結果，数名の教員に，次のような負の相関もみられたそうです。それは，バーンアウト傾向の小学校教員の場合，教員評価を低く評価する傾向があるというものでした。

　すなわち，「体も気持ちも疲れ果てたと思うことがある」「仕事のために心にゆとりがなくなったと感じることがある」「『こんな仕事もうやめたい』と思うことがある」といった項目に印をつけた教員ほど，教員評価をネガティブなものとして捉えたそうです。

　ここでは，そもそも身体的にも精神的にも疲れ果てている教員が，評価者から評価されることで大きな心理的ストレスを抱えるという流れが容易に想定できます。また，それまで身体的・精神的に疲れていなかった教員であっても，評価されることで，身体的・精神的に疲れてしまう方向も考えられます。さらに教師が疲れると評価が悪くなります。教員評価は，こうした悪循環を生んでいる，といえるかもしれません。

　さらに，諏訪の調査の（小学校教員による）自由記述欄を見れば，ポジティブな意見も（115件）ネガティブな意見も（148件）見られたそうです。諏訪は2年前にも同様の調査を行っているのですが，2年前と同様，ネガティブな

評価が多かったものの，2年前と比べ，ポジティブな評価の値が上昇したといいます。

　まず，ポジティブなものとしては次のような意見が挙がったといいます。たとえば「自身を振り返ることができる」「力量ある教員に評価がなされることでやりがいを感じる」「実践において具体的な目標や計画を設定できる」「不適格・意欲に乏しい教員にプレッシャーとなる」といった内容です。

　まさにこの最後の点「意欲に乏しい教員にとってプレッシャーになる」と書いた教員の対極にいるのが，先に述べた，バーンアウト傾向にある教員でしょう。諏訪自身は両者を関連づけていませんが，自分が「意欲的／意欲の乏しい教員」のどちら側に立つかによって，教員評価の見方も変わってくるといえるでしょう。

　もっとも望ましいのは，両者にとって望ましい第三の道を見つけることだと思います。すなわち，バーンアウト傾向の教員にプレッシャーにならない形で，その他の教員が，自分自身を振り返り，目標を設定でき，やりがいを感じるにはどうすればいいのかを，考える必要があるのかもしれません。

　諏訪の調査結果に戻りましょう。ネガティブな意見としては，「書類作成によってさらに多忙となる」「評価が正当かどうかが疑問」「教員集団が分断され不和となる」「学校現場で評価すること自体が適切でない」「評価者に不信感が募る」「意欲の減退」といった意見が見られたそうです。

　「書類作成によってさらに多忙となる」に関してですが，もし，（教員評価等により）バーンアウト傾向の教員が休職したら，当分の間，その教員の仕事を他の教員がカバーしなればならず，さらに，多忙化を極めるでしょう。

　「教員集団が分断される」については，さまざまな形での分断が考えられますが，特に，先ほど述べた，教員評価によって心理的ストレスを抱えるバーンアウト傾向の教員と，そういった「意欲のない」教員にプレッシャーを与えようとするそれ以外の教員との間に，深い溝ができることが想定されます。

　このように見れば，教員評価によって教員を客観的に捉え，それを生かすことができるとシンプルに考えることにも，一長一短があるのかもしれません。

　以下では，すでに見た教員からの声のうち，「評価が正当かどうか」という点について，考えてみましょう。

教員評価を捉える二つの視点

　以下では教員評価を捉える二つの視点を紹介します。一つ目の視点からは，教員評価を相対評価にする際に生じる問題が明らかとなります。

　近年，岩月（2007）は教員評価について質問紙調査を行っています。それによれば，絶対評価のＡ県の場合，評価者（校長）はそれぞれの教員の姿勢を，「非常によくやっている」「よくやっている」「改善を要する」に分けることが比較的容易です。

　しかしながら，相対評価のＢ県の場合，五段階評価で，最も優れたＳの評価を受ける教師が10％，Ａの評価の者が10～30％，Ｂの評価の者が50％，Ｃの評価の者が20％，Ｄの評価の者が0～0.5％と決められています。ですので，何％かは必ず，「普通（Ｂ），あるいはそれより悪い評価（Ｃ・Ｄ）」をしなければならず，そこにゆがみが生じるといいます。というのも，優れた教員に恵まれた教員集団の場合でも，評価者は50％は必ず「普通」の評価をつけなければならないからです。

　その上，相対評価のＢ県の場合，その教員について周囲がすでに抱いているイメージと，評価者が上のような形で相対的に行った評価とがずれる可能性も生じます。たとえば，普段周囲から「優秀な教員」として認識されている者が，相対的な評価では「普通」あるいは「それ以下」の評価しかもらえない，という現実が生まれるのです。岩月はここには相対評価の限界がある，と結論づけますが，本当にそうなのでしょうか。

　こうした「ゆがみ」に加え，教員評価の問題を考えるのに，もう一つ，重要なファクターがあります。それは，教員評価制度ができるまでの政策過程です。というのもこれにより，教員評価制度が成立当初から有していた問題点が明らかとなるからです。最後に，それについてみてみましょう。

　佐藤・松澤（2002）は，教員評価制度の政策主体・政策の意図・課題設定・政策立案・政策決定・政策実施・政策評価といった政策過程の視点から，教員の勤務評定制度と人事考課制度を考察しています。

　それによれば，1956年以降，全国都道府県で実施された勤務評定制度の場合も，東京都の教員人事考課制度の場合も「垂直的行政統制モデル（政策主体が多元的でなく一元的）」だったといいます。つまり人事考課制度は，多様な人々

が議論しながら仕上がった制度（並行型）ではなく，一つのファクター（教育長のブレーンであった一人の参事）のみがトップダウン式に進めた制度（垂直型）であったといいます。

なるほど形式的には，担当者は有識者会議などを開いていますが，そこで出された意見が反映されるということは稀であり，あくまで個人的利益から生まれた制度であったといえます。つまり，そもそもの目的が個人の利益にあるため，学校の質を高めるために考案されたものではないのです。

佐藤・松澤の考察に戻ると，さらに最近では，都の人事考課政策の策定過程において，垂直的行政統制モデルは，徐々に（都教委と文科省との）水平的政治競争モデルへと移行しているといいます。

このような形で教員評価制度は，東京都が牽引する形で，全国に広められました。一見したところ，トップダウン式の垂直的モデルよりも，競争による水平的モデルのほうが，なんとなくフェアな印象を受けます。

しかしながら，上述の佐藤・松澤（2002）によれば，最近は，他の人や集団が，大きく関与していないといいます。55年体制下では，政策に賛成であれ反対であれ，多くの人々・集団がさまざまな形で関わっていました。しかし現在は，そうした多くの行為者が減り，行政主導の要素が強くなったといいます。

こうしたプロセスを経てできた政策なので，やはり多くの問題をはらんでいる可能性があります。ただ，たとえ政策プロセスに問題があっても，できあがった制度自体が，現場の教員にとってよい形で機能する，という可能性も否定できないでしょう。

以上見てきたように，教員評価の問題は，さまざまな要因が複雑に絡まっており，解決策がすぐに見つかるというものではありません。教育に関心のある皆さん，子どもと関わりながら，今後もこの問題について考え続けてください。

■ 考えるための読書案内
勝野 正章（2004）．教育評価の理念と政策　エイデル研究社
　　政策としての教員評価が批判的に検討されています。また，教師の専門職性向上のための評価の理論が探究されています。さらに，教員評価・学校評価に子ども・保護者・地域がどう関わるかが考察されています。

子どもが喜ぶ教師とは…

学校の危機管理

瀧野揚三

学校の危機管理は，事件・事故への対応を前提としているのですか？

　学校の危機管理は，年々重要な位置づけになってきました。それは，単に，突発的な事件や事故に際して対応する危機管理だけではありません。児童生徒が，安全で安心して学校生活を送ることができるように，予防や備え，訓練や教育，組織づくり，危機事態への即座の対応から回復や復旧に向けたあらゆる取り組みがすべて危機管理なのです。

　事件・事故が契機となり，教訓を生かして不審者対応訓練が実施されたり，被災経験を基に避難方法や避難経路を再検討し，地域住民や他校と連携した訓練が実施されるようになってきました。積極的な備えとして，児童生徒が危険への感受性を高め，自律的に安全行動を選択できるように，防災教育を含めた予防的な安全教育がすすめられています。

　危機管理には，こうした訓練の実施に加え，事後のさまざまな対応が含まれます。災害発生後には，児童生徒を安全に帰宅させるため，状況判断に基づき保護者との連絡と連携が必要になります。児童生徒を学校に待機させるか，保護者へ引き渡すか，安全を確保しながら判断します。さらに，災害後に学校施設が避難所になる場合には，教職員や一部の生徒が，一定期間，運営に関わることもあるでしょう。そして，学校関係者が児童生徒，教職員，保護者への生活支援，さらに心理面の支援を担っていく場合もあります。

　学校が再開して教育活動が始まると，児童生徒の学力，社会性，発育や体力などが調和的に回復し，さらに向上していくことが目標となります。そのためには，学校が安全で安心できる場所でなければなりません。事件・事故や災害への対応だけでなく，日常の学校場面で，けんかやいじめがなく安心して過ごせ，安全に授業に参加できる取り組みも危機管理に含まれることがわかります。

学校危機への備え

　従来，学校は安全で安心感をもたらす信頼のおける存在でしたが，学校危機への対応が十分でなかった場合には，学校に対して大きな批判が向けられたり，早急な信頼回復に向けた取り組みが求められるようになっています。

　火災や地震に備えた避難訓練が学校でも実施されていますが，その経験が必要な時に十分に活用できなかったこともあったようです。そういった現状を変えていくために，危機を経験した学校等では，再発防止のために学校安全に積極的に取り組むようになってきています。

　ここで，学校危機についての解説をしておきましょう。危機（crisis）について，カプラン（Caplan, 1964）は「一時的に，個人のいつもの問題解決手段では解決ないし，逃れるのが困難な，重大な問題を伴った危険な事態へ直面した，個人の精神的混乱状態」と定義しています。特に，学校における危機については，上地（2003）が，個人レベル，学校レベルおよび地域社会レベルの3種類に分類しています（表1）。児童生徒の家族の死亡，帰宅後の事件・事故，家族旅行中の事故など，個人レベルの危機には，学校管理下に含まれないものもありますが，学校は，児童生徒個人や交友関係に配慮した対応が必要になります。また，地震や台風のように多くの児童生徒が類似した危機を同時に経験した場合，それが休日や夜間であっても，安否確認や登下校の安全の確認が必要とされます。教職員個人の危機についても，児童生徒への影響が想定される場合には危機対応が求められます。

　学校がこのような危機状態になった場合には，児童生徒が身体面や心理面に影響を受けていないか確認する必要があります。被害にあった児童生徒が当該の学校に対する不安や大人に対する不信感を持ったり，恐怖心を抱くことや孤立感を感じることがあります。そして，教室などで，ストレスからいじめや暴

表1　学校危機の内容の分析（上地，2003より作成）

個人レベルの危機	不登校，家出，性的被害，自殺企図，病気など
学校レベルの危機	いじめ，学級崩壊，校内暴力，校内事故，薬物乱用，食中毒，教師バーンアウトなど
地域社会レベルの危機	殺傷事件，自然災害（大震災），火災（放火），公害，誘拐・脅迫事件，窃盗・暴行事件，IT被害，教師の不祥事など

力の問題が二次的に発生する場合もあります。保護者が学校に不信感や失望感を抱き，子どもを登校させないようにしたり，学校運営に批判の声があがる場合もあります。教職員の側にも混乱が生じ，責任問題，同僚間の不信感，失望感，疎外感など，さまざまな思いや感情が入り乱れることも想定されます。

このような混乱状況に至らないように，また，混乱を早期に解消するために，予め，危機対応のための準備を整え，緊急支援として迅速な危機介入を行い，被害を最小限にする積極的な対応が求められるのです。

それでは，危機管理の視点から，学校や教職員はどのような予防的で教育的な取り組みをしていく必要があるのでしょうか。

学校安全で取り組む領域として，学校における「生活安全」，登下校などの「交通安全」，災害時の「災害安全」が設定されています。図1は，文部科学省が示す学校安全の構造図です。安全教育には，授業中の教材等の安全な利用について適切な判断ができるように学習し，安全な学校生活を送るための指導，登下校や課外活動での移動の際の交通安全など，安全の増進と望ましい習慣形成に向けた指導が含まれます。安全管理は，事故につながる可能性のある学校環境や児童生徒の学校生活上の行動の危険を察知して対応し，万一の事件・事故，災害時の応急手当や安全措置をとることです。これは，教職員が担当することですが，安全が確保された状況での児童生徒の参与は共助として重要なことです。最後に，組織活動は，学校安全に向けた教職員の研修，児童生徒を含めた校内の協力体制，家庭や地域社会と連携していくことです。

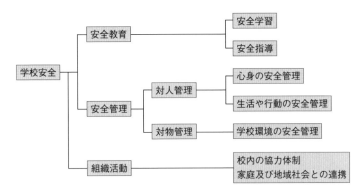

図1　学校安全の構造図（文部科学省，2010）

危機管理の実際について考えてみましょう

　ここでは，学校危機管理の概要を事件・事故を回避し，災害からの影響を緩和するための学校が取り組む「リスク・マネジメント」と，事件・事故，災害が発生した直後に，被害を最小化し，早期の回復へ向けた「クライシス・マネジメント」の取り組みに分けて図示しました（図2）。この図を参照しながら，教職員としてどのような対応が必要になるのか考えてみましょう。

　リスク（危険因子）への気づき　皆さんが担当する児童生徒をとりまくリスクにはどのようなものがあるか，書き出してみてください。そして，気づいたリスクに具体的にどう対応したらいいでしょうか。どのように他の教職員や管理職とリスクを共有し，校内委員会などの組織としての対応につなげていけばいいのでしょうか。

　天候不良で授業の短縮や下校指導，施設設備の修理や整備，利用中止の指示，安全な利用方法の指導，交通安全指導など，リスクへの具体的な対処として，指示や指導を行うことになります。また，教職員間で危機対応マニュアルの共

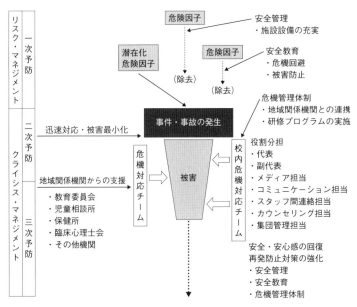

図2　学校危機管理の概要（瀧野，2004 より作成）

有や危機時の役割分担を確認したり，教職員間での訓練により，マニュアルを改訂することもあるでしょう。いずれも一次予防の取り組みになります。

即座の対応　遠足に児童生徒を引率する場合の準備について考えてみましょう。どのようなことを想定し，準備していかねばならないでしょうか。普段の学校での対応とは異なる視点が必要になるかもしれません。養護教諭に頼らずに傷の手当てなどの応急処置ができるでしょうか。学校への連絡はどうしますか。保護者に緊急に連絡をしなければならない場合にはどうしますか。これらは二次予防の実践になります。危機直後の対応を適切に行うためには，予め，一定の知識や技術を取得しておくことや資材を準備しておく必要があります。また，遠足のしおりを作成したりグループ編成を決めておくことは，児童生徒だけでなく引率の教職員にとっても当日のリハーサルになり，万全な準備につながります。

再発防止と回復に向けた支援　校内のけがでしばらく入院して学校を休んでいた児童生徒の再登校に向け，何を準備すればいいでしょうか。学校に復帰して再適応が円滑にすすむためには，どのような対応をしますか。荷物の運搬，教室移動，トイレの利用など，安全な学校生活ができるような配慮ができるでしょうか。クラスメイトに向けてどのような提案をすればいいでしょうか。欠席期間の補習なども検討する必要があります。回復への支援は，けがであれば，身体的に回復すればよいと考えがちですが，休んでいた間の友人関係など社会的側面，学校に戻ることについての心配や不安といった情緒的側面など包括的な支援が必要です。さらに，円滑な回復のためには，再発防止を含め，生活環境の安全と安心を確保することも忘れてはなりません。これが三次予防の取り組みです。

　ここまで，学校の危機管理の取り組みについて，3種類の予防の観点から考えてみました。学校が安全で安心な環境であることは，児童生徒の学力の向上や社会性の発達，すこやかな発育や体力の増進につながることを十分理解し，未然防止に向けた日々の教職員の取り組みが危機管理の基礎・基本になるのです。

■ 考えるための読書案内
上地 安昭（2003）．教師のための学校危機対応実践マニュアル　金子書房
　　学校の安全は，積極的につくりだす必要があるものです。学校の危機管理について，教職員として，事前の備え，事後の対応の指針が得られるでしょう。

コラム
防災を教える・防災で育む

本多 環

　皆さんは学生時代，どのような「避難訓練」を経験しましたか。数分間，机の下に潜った後，できるだけ早く整列して校庭まで移動する。校庭で点呼が終わると，「今回の避難に要した時間は○分○秒でした」という報告を聞かされる。まさしく訓練を受けるという感覚だったのではないでしょうか。

　避難訓練は大切な学習です。情報を収集する・安全な場所に避難する・周りの安全を確認するという災害発生時に必要な行動を学ぶことができます。

　私も教員時代，「健康安全・体育的行事」としての避難訓練に何の疑問ももつことなく，毎年，型にはまった行動を子どもたちに強いてきました。しかし，複合災害と言われる東日本大震災の発生により，指導の不十分さを反省しました。

　2011年3月11日14時46分。皆さんはどこで地震を体感されましたか。福島県ではこの日の午前中，公立中学校の卒業式が行われました。ですから，生徒はさまざまな場所でさまざまな災害にあいました。帰宅後に地震が発生し，自宅が倒壊した生徒。下校途中に地震が発生し，道路が寸断したり火災が発生したりしたため帰宅できなくなった生徒。友達と隣町に遊びに出かけており，知らない土地から帰れなくなった生徒。津波が発生し，家が流された生徒……。

　私たちは「災害は，児童生徒が学校にいる時に起きる」と思い込んでいました。しかし，実際に起きた災害はそうではなかったのです。ですから，避難訓練の目的・内容・方法について見直しました。校内での避難方法の学習ではなく，正しい情報を集め，どのような状況が予測されるのか・自分や周りの人々の命を守るためにはどのような行動をとることがよいのかを考え，行動する力を高めることができるような学習への転換が必要でした。災害発生時に自分や周りの人々の命を守るために必要な「思考力」「判断力」「行動力」を高めることが防災教育の目的であり，避難訓練は，防災教育の目標に迫るための実践として捉え直しました。

　東日本大震災では，避難の判断を誤り，多数の犠牲者を出した学校や帰宅途中に被害にあった児童生徒等がいました。教師が的確な思考・判断によって適切な行動選択をすることはもちろんですが，児童生徒自身の力を高めなければなりません。

　近年，国内外においてさまざまな災害が起きています。いつ，どこで，どのような災害にあうのか予測できない状況です。災害発生時・災害発生後，さらには避難先で，自分の命を守るだけでなく，身近な人たちの役に立つことができるような児童生徒を育てることも大切です。防災を教えるだけでなく防災を通して「社会力」を育むことも教師の役割なのです。私たちは，「被災地見学」「防災キャンプ」「避難所運営模擬体験」等の体験活動を通して，自分にもできることって何だろうと考え，周りの人々と協働しながら災害に強い地域を創ろうとする児童生徒の育成に取り組んでいます。

おわりに

　本書のタイトルは「考えつづけるための教育心理学」です。7年前に，牧先生と編集した本は「実践をふりかえるための教育心理学」でした。教育に携わる者にとって，実践のふりかえりが重要だという思いは，7年前も今も変わっていません。
　そして，現代において教育に携わる者にとって，もう一つ重要なことは考えつづけることだと思っています。誰のためなのかわからない改革のための改革によって，大学も含め教育の現場の大半は疲弊しきっており，さまざまな観点から自らの教育について考えつづける時間がなくなってきています。ですので，今回のタイトルは「考えつづけるための教育心理学」としました。「考えるための」ではなく，さまざまな観点から「考えつづけるための」というのが本書のコンセプトです。
　経験が増えてくると，自分の教育実践に自信をもち，ふりかえらなくなり，考えることをやめがちです。さらに，何かを学ぶと，答えをわかった気になって，考えることをやめてしまいます。しかし，経験が増えても，何かを学んでも，教育実践に終わりはありませんし，答えは一つではありません。これからの私たちに求められているのは，さまざまな観点から考えつづけることではないでしょうか。考える余裕がない現代だからこそ，考えつづけることができる教員が求められるのではないでしょうか。
　現在も昔と変わらず，教育の現場にはよくわからないルールや慣習が多々存在しています。そのルールを金科玉条かのように守り，なぜそのルールがあるのか，誰もきちんと説明できないまま，何も考えずに従っていることがよくあります。前述のように教育の現場が疲弊していることからも，ルールや慣習自体を考える余裕がないというのが現状だと思います。おそらくこれは大学でも同様です。
　私の所属する大学においても，多くの教員が関わるとある授業でやる気が出るからスーツ着用というルールが少し前までありました。教員はスーツを着さ

せる意味が全く見いだせないまま，スーツ着用のための指導を行わなくてはならないのです。ルールを守ることは大事だと思いますが，そこにあるのは自分たちの考えを押し付けている教員の姿です。当然ですが，皆が全員スーツを着たらやる気が出るわけではありません。「スーツを着ること＝やる気なのか？」という疑問を持つ教員や学生がいてもいいと思いますが，おかしいと思っていても疑問の声が上がらないくらいに大学は疲弊しています（ちなみに，このルールができてから数年経って一人の学生が疑問の声を上げ，すったもんだの末に一部着用に変わりました）。

　さらに，大学ならば（もちろん大学でなくても），ルールや慣習について，その成り立ちやなぜそれが必要なのかを自分で考えることができるような環境を整える必要があると思います。そして，安心して考え，悩み，そして自分の出した答えと別の答えのそれぞれの長所と短所を自覚できるように大学は援助する必要があると思います。そのためには多様な捉え方が可能であり，答えは一つではないということを理解してもらうことが重要だと思います。

　今回，本書は答えを一つに収束させない，自分で考えるヒントとなるような構成としました。ですので，執筆者の先生方には無理を言って，自分の意見や答えだけでなく，さまざまな視点で考えつづけていけるように書いてもらいました。書き進めていく中で私も含めて，答えを一つに収束させないというのは非常に難しいということを再認識しました。一つの答えをおしつけることを批判しながらも，私たちは自分の考えや考えた結果として答えをおしつけたいのかもしれません（そういう意味では，考えつづけてほしいということをおしつけているともいえます）。それでも，豪華な執筆者の先生方の意見を金科玉条にしてほしくない，それをぜひさまざまな角度から考えてもらいたいと思っています。その結果，今回，答えのあるマニュアルや教科書とは異なる教育心理学の本になったと思います。ただ，本来，教科書は，私の尊敬する教育社会学者の白松先生が述べているように「批判的検討」を行う対象です。ただ，その一方で「教科書に書いてあるのだから正しい」，「偉い先生が言っているのだから正しい」などということを言う方も多々存在します。先ほどのような，「スーツを着ればやる気が出るのだし，そんなルールを決めたのだから，言うことを聞け」と言う大学教員もいます。答えは多様であり，教科書や偉い先生が言っ

ているからといってすべて正しいわけではありません。スーツを着てやる気が出る人もいますが，出ない人もいます。こうした多様性を認めることが，これからの教育現場では求められると思います。そして，教員志望の学生や若い教員に子どもを自分の思い通りにして喜ぶ教員ではなく，自らの教育実践について考え続ける教員になってほしい。こうした思いがこの本を作った動機です。

　今回，当初の予定よりも刊行がだいぶ遅れてしまいました。偉そうなことをいってきましたが，私たち自身も，忙しすぎてきちんと考える時間がなかったといえます。自分も考える時間がないなかでこの本に編纂に携わり，刊行が遅くなった実情があるので，"考えつづけることが重要"という本書のコンセプトには自戒の意味も含まれています。ナカニシヤ出版の山本あかねさんにはこんな私たちを見捨てずに支援していただきました。何より，本書のコンセプトは山本さんなくしては，生まれなかったと思います。心よりお礼申し上げます。

　私事ですが，今年の３月に待望の第一子が誕生しました。この本を作っていく中で，将来，この子が大きくなったときに自分の言うことを聞けというように一つの答えを押し付けるのではなく，子どもと一緒にさまざまな答えを考えつづけられる教師に教わってほしいと思うようになりました。そして，自分自身も常にさまざまな答えがあることを意識しながら，考えつづけることを忘れないようにしたいと思います。本書が読者のみなさんの自らの教育実践について考えつづけるきっかけとなってくれるのならば幸いです。

編者を代表して
大久保　智生

文　献

● 1部

1章

Aronson, E., Blaney, N., Stephan, C., Sikes, J., & Snapp, M. (1978). *The jigsaw classroom.* Beverly Hills, CA: Sage.

江村 早紀・大久保 智生（2012）．小学校における児童の学級への適応感と学校生活との関連—小学生用学級適応感尺度の作成と学級別の検討—　発達心理学研究, 23, 241-251.

Good, T. L., & Grouws, D. A. (1977). Teaching effects: A process-product study in fourth-grade mathematics classrooms. *Journal of Teacher Education, 28*, 49-54.

Hochschild, A. R. (1983). *The managed heart.* Berkeley, CA: The University of California Press.（ホックシールド, A. R.　石川 准・室伏 亜希（訳）（2000）．管理される心　世界思想社）

河村 茂雄（2006）．学級づくりのためのQ-U入門　図書文化

小室 庄八（1954）．児童の社会的行動に及ぼす学習指導法の影響について　教育心理学研究, 2, 217-223.

前田 和寛・中西 大輔・井川 純一・河野 喬・志和 資朗（2013）．「寄り添い」とはなにか(1)—CiNiiを利用した内容分析—　中国四国心理学会第69回大会論文集, 45.

三隅 二不二・吉崎 静夫・篠原 しのぶ（1977）．教師のリーダーシップ行動測定尺度の作成とその妥当性の研究　教育心理学研究, 25, 157-166.

森下 詩織・松浦 均（2016）．授業場面における児童に対する教師の「寄り添い」行動について—教師と子どもの物理的距離に着目して—　三重大学教育学部研究紀要（教育科学）, 67, 193-204.

内閣府（2015）．平成27年度子ども・若者白書

新村 出（編）（2008）．広辞苑　第6版　岩波書店

杉江 修治（2007）．協同で育てる学びへの意欲　中谷 素之（編著）　学ぶ意欲を育てる人間関係づくり（pp.111-125）　金子書房

弓削 洋子（2009）．学校教育における教師の機能　永田 良昭・飛田 操（編）　現代社会を社会心理学で読む（pp.100-115）　ナカニシヤ出版

弓削 洋子（2012）．教師の2つの指導性機能の統合化の検討—機能に対応する指導行動内容に着目して—　教育心理学研究, 60, 186-198.

2章

中央教育審議会（2014）．新しい時代にふさわしい高大接続の実現に向けた高等学校教育，大学教育，大学入学者選抜の一体的改革について（答申）

中央教育審議会（2016）．幼稚園，小学校，中学校，高等学校及び特別支援学校の学習指導要領等の改善及び必要な方策等について（答申）

福井大学教育地域科学部附属中学校研究会 (2010). 学びを拓く《探究するコミュニティ》1 学び合う学校文化　エクシート

市川　伸一 (2008).「教えて考えさせる授業」を創る―基礎基本の定着・深化・活用を促す習得型授業設計―　図書文化

伊那市立伊那小学校 (2012). 共に学び共に生きる②―伊那小教師の物語―　社団法人信州教育出版会

岸野　麻衣 (2016). 小学校における「問題」とされがちな子どもの学習を支える授業の構造―協同での学習過程における認知的道具の使用をめぐる事例分析―　質的心理学研究, 15, 65-81.

文部科学省 (2005). OECDにおける「キーコンピテンシー」について〈http://www.mext.go.jp/b_menu/shingi/chukyo/chukyo3/016/siryo/06092005/002/001.htm〉（アクセス日 2018/01/05）

文部科学省 (2010). 生徒指導提要

OECD (2017). Education 2030〈http://www.oecd.org/edu/school/education-2030.htm〉（アクセス日 2018/01/05）

富山市立堀川小学校 (1994). 自己実現をはかる授業　明治図書

3章

平木　典子 (2004). 新版 カウンセリングの話（朝日選書）　朝日新聞社

石隈　利紀 (1999). 学校心理学―教師・スクールカウンセラー・保護者のチームによる心理教育的援助サービス―　誠信書房

石隈　利紀 (2016).「チーム学校」における連携―スクールカウンセラーの役割と課題―　臨床心理学（臨時増刊号), 33-35.

大河原　美以 (2004). 怒りをコントロールできない子の理解と援助―教師と親の関わり―　金子書房

主婦の友社 (2014). 主婦の友子育てBOOKS―小学1年生の困った！レスキューブック―　主婦の友社

玉瀬　耕治 (2008). カウンセリングの技法を学ぶ　有斐閣

田村　節子・石隈　利紀 (2003). 教師・保護者・スクールカウンセラーによるコア援助チームの形成と展開―援助者としての保護者に焦点をあてて―　教育心理学研究, 51, 328-338.

ヴィゴツキー, L. S.（著）　土井 捷三・神谷 栄司（訳）(2003).「発達の最近接領域」の理論―教授・学習過程における子どもの発達―　三学出版

山本　和郎 (1986). コミュニティ心理学―地域臨床の理論と実践―　東京大学出版会

山本　和郎 (2000). 危機介入とコンサルテーション　ミネルヴァ書房

4章

赤田　圭亮 (2014). 標準授業時数と学校行事　樽木 靖夫・古屋 茂・杉本 成昭・赤田 圭亮・蘭 千壽・高橋 知已　自主シンポ② 学校行事のこれまでとこれから―学校行事を学校心理学の視点より考える―　日本学校心理士会2014年度大会プログラム・発表論文集, 26-27.

蘭　千壽・武市　進・小出　俊雄 (1996). 教師の学級づくり　蘭　千壽・古城 和敬（編）　教

師と教育集団の心理（pp.77-128）　誠信書房

大迫 静雄（1983）.特別活動の評価の重要性　時松茂親（編）　中学校特別活動の指導と評価（pp.5-13）　図書文化

鈴木 庸裕（2008）.学校行事と特別活動　折出健二（編）　教師教育テキストシリーズ 12 特別活動（pp.77-92）　学文社

樽木 靖夫（1999）.中学校における文化祭活動に対する生徒の自己評価の変容　日本教育工学会論文誌, *23*, 147-154.

樽木 靖夫（2013）.学校行事の学校心理学　ナカニシヤ出版

樽木 靖夫・石隈 利紀・蘭 千壽（2011）.中学生の学級劇活動における分業的協力および教師の援助的介入に関する研究　学校心理士会年報, *3*, 87-97.

渡部 邦雄（1992）.学校行事の精選はなぜ求められるか　渡部邦雄（編）　中学校・学校行事の精選プラン集（pp.7-16）　明治図書

5章

文部科学省（2010）.保護者や地域からの要望等に関する教育委員会の取り組み

文部科学省（2010）.平成 22 年度「学校支援地域本部事業」等の事業効果の把握に向けた調査研究の結果について

中川 忠宣・山崎 清男・深尾 誠（2010）.「学校支援」についての保護者と住民の意識の相違に関する一考察　大分大学高等教育開発センター紀要, *2*, 49-67.

大久保 智生・岡鼻 千尋・時岡 晴美・岡田 涼・平田 俊治・福圓 良子（2013）.学校支援地域本部事業の取り組み成果にみる学校・地域間関係の再編（その 3）―学校の取り組みへの認知と地域社会での交流の関連―　香川大学教育実践総合研究, *27*, 117-125.

大久保 智生・時岡 晴美・平田 俊治・福圓 良子・江村 早紀（2011）.学校支援地域本部事業の取り組み成果にみる学校・地域間関係の再編（その 2）―生徒，学校支援ボランティア，教師の意識調査から―　香川大学教育実践総合研究, *22*, 139-148.

齋尾 直子・藍澤 宏・土本 俊一（2000）.公立小・中学校と地域社会との複合化水準とその計画要件に関する研究―学校と地域との「空間の共有化」及び「活動の融合化」を視点として―　日本建築学会計画系論文集, *530*, 119-126.

時岡 晴美・大久保 智生・平田 俊治・福圓 良子・江村 早紀（2011）.学校支援地域本部事業の取り組み成果にみる学校・地域間関係の再編（その 1）―地域教育力に注目して―　香川大学教育実践総合研究, *22*, 129-138.

時岡 晴美・大久保 智生・岡田 涼（2013）.学校支援ボランティア参加者からみた学校支援地域本部事業の成果と課題―岡山県備前中学校における実態調査から―　香川大学生涯学習教育研究センター研究報告, *18*, 23-33.

時岡 晴美・大久保 智生・岡田 涼（2015）.学校支援地域本部事業の中学校における取組事例とその成果〜中学校と地域社会の連携の在り方に関する研究（その 1）〜　日本建築学会四国支部研究報告集, *15*, 149-150.

時岡 晴美・大久保 智生・岡田 涼（2015）.中四国地域の中学校における学校支援地域本部事業取組成果と将来像〜中学校と地域社会の連携の在り方に関する研究（その 2）〜　日本建築学会四国支部研究報告集, *15*, 151-152.

時岡 晴美・大久保 智生・岡田 涼（2015）.学校支援地域本部事業の取組成果にみる学

校・地域間関係の再編（その 4） 香川大学教育実践研究, *30*, 29-41.
上野 淳・本野 純（1997）．公立小・中学校と地域公共施設の複合化事例における建築計画と管理・運営の実態―東京都区部についてのケーススタディ― 日本建築学会計画系論文集, *493*, 117-124.
渡邊 恵・藍澤 宏・菅原 麻衣子（2007）．小学校における活動展開の人的要件―地域の教育力を活かした学校と地域との連携体制のあり方に関する研究― 日本建築学会計画系論文集, *614*, 81-88.

● 2部

1章

新井 雅・庄司 一子（2016）．スクールカウンセラーと教師のアセスメントの共有方略が協働的援助に及ぼす影響 心理臨床学研究, *34*（3），257-268.
朝日新聞（2016）．見守る目 児童の暴力防げ 最多レベルの大阪府，半減へ取り組み 朝日新聞 8 月 23 日朝刊 大阪版 33.
Boulton, M. J. (2005). School peer counselling for bullying services as a source of social support: An interview study with secondary school pupils. *British Journal of Guidance and Counselling, 33*, 485-494.
Crone, D. A., & Horner, R. H. (2003). *Building positive behavior support systems in schools.* New York: The Guilford Press.（クローン, D. A.・ホーナー, R. H. 野呂 文行・大久保 賢一・佐藤 美幸・三田地 真実（訳）（2013）．スクールワイドPBS―学校全体で取り組むポジティブな行動支援― 二瓶社）
Fekkes, M., Pijpers, F. I. M., & Verloove-Vanhorick, S. P. (2005). Bullying: Who does what, when and where? Involvement of children, teachers and parents in bullying behavior. *Health Education research Theory & Practice, 20* (1), 81-91.
橋本 和幸（2015）．公立中学校におけるスクールカウンセラー制度に関わる校内体制の整備 カウンセリング研究, *48*, 86-96.
平井 尚美・水野 治久（2017）．中学生の授業逸脱行動を抑制する要因の検討―学級風土と教師の指導態度の視点から 大阪教育大学紀要Ⅳ（教育科学）, *65*, 271-283.
小泉 令三（2011）．社会性と情動の学習（SEL-8S）の導入と実践 ミネルヴァ書房
水野 治久（2014）．子どもと教師のための『チーム援助』の進め方 金子書房
文部科学省中央教育審議会（2015）．「チームとしての学校の在り方と今後の改善方策について（答申）」
森田 洋司・松原市松原第七中学校校区教育実践会・西井 克泰・新井 肇・若槻 健（2013）．子どもが先生が地域ともに元気になる人間関係学科の実践―人権教育・多文化共生教育をベースにした予防・開発的生徒指導― 図書文化社
佐藤 正二・相川 充（2005）．実践！ソーシャルスキル教育 図書文化社
山本 渉（2015）．中学校の担任教師はスクールカウンセラーの活動をどのように生かしているのか―グラウンデッド・セオリー・アプローチを用いた質的分析― 教育心理学研究, *63*, 279-294.
弓削 洋子（2012）．教師の 2 つの指導性機能の統合化の検討―機能に対応する指導行動内

容に着目して―― 教育心理学研究, 60, 186-198.

2章

伊藤 美奈子（2016）."さなぎとしての不登校""さなぎになれない不登校" 高坂康雅（編）思春期における不登校支援の理論と実践（pp.94-113） ナカニシヤ出版

文部科学省（2014）．不登校に関する実態調査 平成18年度不登校生徒に関する追跡調査報告書

文部科学省（2016）．平成26年度児童生徒の問題行動等生徒指導上の諸問に関する調査

森田 洋司（1991）．「不登校」現象の社会学 学文社

森田 洋司（2003）．不登校―その後 教育開発研究所

奥地 圭子（1989）．登校拒否は病気じゃない 教育資料出版会

佐藤 修策（1959）．神経症的登校拒否行動の研究―ケース分析による― 岡山県中央児童相談所紀要, 4, 1-15.

滝川 一廣（1994）．家庭の中の子ども，学校の中の子ども 岩波書店

渡辺 位（1979）．思春期登校拒否の治療・処遇をめぐって 児童精神医学とその近接領域, 20, 38-41.

3章

阿部 彩（2011）．子ども期の貧困が成人後の生活困難（デプリベーション）に与える影響の分析 季刊社会保障研究, 46 (4), 354-367.

Centers for Disease Control and Prevention (2011). *Fostering school connectedness staff development program: Facilitator's guide*. Atlanta, GA: CDC.

羽間 京子（2006）．非行等の問題行動を伴う生徒についての教師へのコンサルテーション―非行臨床心理の立場から― 千葉大学教育学部研究紀要, 54, 119-125.

加藤 弘通・大久保 智生（2006）．〈問題行動〉をする生徒および学校生活に対する生徒の評価と学級の荒れとの関係―〈困難学級〉と〈通常学級〉の比較から― 教育心理学研究, 54, 34-44.

加藤 弘通・太田 正義（2016）．学級の荒れと規範意識および他者の規範意識の認知の関係―規範意識の醸成から規範意識をめぐるコミュニケーションへ― 教育心理学研究, 64, 147-155.

紅林 伸之（2007）．協働の同僚性としての《チーム》―学校臨床社会学から― 教育学研究, 74 (2), 174-188.

松本 俊彦（2016）．薬物依存臨床の焦点 金剛出版

松嶋 秀明（2013）．つながりのなかで非行生徒を抱える実践：警察と学校との協働事例から 人間文化-滋賀県立大学人間文化学部研究報告, 33, 2-12.

松嶋 秀明（2015）．児童自立支援施設の実践を通して「非行」をとらえなおす 子ども学, 3, 73-91.

村中 哲之助・堀 逸郎・猪俣 修・上田 華・楠 凡之・大和 久勝（2008）．発達障害といじめ・暴力―自己肯定感を育む子ども集団づくり―（シリーズ・現代の教育課題と集団づくり2） かもがわ出版．

Salmivalli, C., Lagerspetz, K., Björkqvist, K., Österman, K., & Kaukiainen, A. (1996). Bullying as a group process: Participant roles and their relations to social status within the group. *Aggressive Behavior, 22*, 1-15.

鈴木 大裕（2016）．崩壊するアメリカの公教育―日本への警告― 岩波書店

東京都福祉保健局（2005）．「児童虐待の実態Ⅱ」〈http://www.fukushihoken.metro.tokyo.jp/jicen/gyakutai/index.files/hakusho2.pdf〉

内海 新祐（2016）．児童養護施設の現在 そだちの科学, *27*, 41-46.

Winslade, J., & Williams, M. (2012). *Safe and peaceful schools: Addressing conflict and eliminating violence.* Thousand Oaks, CA: Corwin. （ウィンズレイド, J.・ウィリアムズ, W. 綾城 初穂（訳）（2016）．いじめ・暴力に向き合う学校づくり―対立を修復し，学びに変えるナラティヴ・アプローチ― 新曜社）

山本 宏樹（2015）．ゼロ・トレランス教育論の問題圏―訓育・法治・排除の共振と闘争―人間と教育, *85*, 28-34.

吉住 隆弘（2016）．生活困窮者世帯の子どもにおけるソーシャルサポートとQOLの関連―生活保護世帯の中学生に着目して― 発達心理学研究, *27*, 408-417.

全国社会福祉協議会（2009）．子どもの育みの本質と実践―社会的養護を必要とする児童の発達― 養育過程におけるケアと自立支援の拡充のための調査研究事業

4章

Crick, N. R., & Dodge, K. A. (1994). A review and reformulation of social information-processing mechanisms in children's social adjustment. *Psychological Bulletin, 115*, 74-101.

遠藤 由美（2007）．役割と社会的スキルがからかい認知に及ぼす影響 関西大学社会学部紀要, *38*, 119-131.

Gendron, B. P., Williams, K. R., & Guerra, N. G. (2011). An analysis of bullying among students within schools: Estimating the effects of individual normative beliefs, self-esteem, and school climate. *Journal of School Violence, 10*, 150-164.

Hitokoto, H., & Sawada, M. (2016). Envy and school bullying in the Japanese cultural context. In R. H. Smith, U. Merlone, & M. K. Duffy (Eds.), *Envy at work and in organizations* (pp.267-295). Oxford: Oxford University Press.

伊藤 美奈子（2017）．いじめる・いじめられる経験の背景要因に関する基礎的研究―自尊感情に着目して― 教育心理学研究, *65*, 26-36.

金綱 知征（2015）．日英比較研究からみた日本のいじめの諸特徴―被害者への否定的感情と友人集団の構造に着目して― エモーション・スタディーズ, *1*, 17-22.

文部科学省（2013）．いじめ防止対策推進法案の公布について（通知）〈http://www.mext.go.jp/a_menu/shotou/seitoshidou/1337219.htm〉（2018年1月21日閲覧）

文部科学省（2017）．平成27年度「児童生徒の問題行動等生徒指導上の諸問題に関する調査」の確定値について〈http://www.mext.go.jp/b_menu/houdou/29/02/1382696.htm〉（2018年3月6日閲覧）

文部科学省（2018）．平成28年度「児童生徒の問題行動・不登校等生徒指導上の諸課題に関する調査」について（確定値）〈http://www.mext.go.jp/b_menu/houdou/30/02/1401595.htm〉（2018年3月6日閲覧）

日本経済新聞（2017）．いじめ認知32万3千件 過去最多，小学校で急増〈https://www.

nikkei.com/article/DGXMZO22740440W7A021C1CC1000/〉（2017 年 10 月 26 日朝刊）
大西 彩月（2015）．いじめ加害者の心理学―学級でいじめが起こるメカニズムの研究―　ナカニシヤ出版
大野 晶子（2008）．いじめ加害者達の社会的スキルといじめ継続期間の関連　日本女子大学大学院人間社会研究科紀要, *14*, 149–161.
Salmivalli, C. (1999). Participant role approach to school bullying: Implications for interventions. *Journal of Adolescence*, *22*, 453–459.
Smith, P. K., & Sharp, S. (1994). *School bullying: Insights and perspectives*. London: Routledge.
Sutton, J., Smith, P. K., & Swettenham, J. (1999). Social cognition and bullying: Social inadequacy or skilled manipulation? *British Journal of Developmental Psychology*, *17*, 435–450.
戸田 有一・ストロマイヤ, D.・スピール, C.（2008）．人をおいつめるいじめ―集団化と無力化のプロセス―　加藤 司・谷口 弘一（編）　対人関係のダークサイド（pp.117-131）　北大路書房
Uchida, Y., & Kitayama, S. (2009). Happiness and unhappiness in East and West: Themes and variations. *Emotion*, *9*, 441–456.

5 章

金子 泰之（2012）．問題行動抑止機能と向学校的行動促進機能としての中学校における生徒指導　教育心理学研究, *60*, 70–81.
加藤 弘通・太田 正義（2016a）．学級の荒れと規範意識および他者の規範意識の認知の関係―規範意識の醸成から規範意識をめぐるコミュニケーションへ―　教育心理学研究, *64*（2）, 147–155.
加藤 弘通・太田 正義（2016b）．小学生の規範意識と学級の荒れ―「規範意識の醸成」で学級の荒れに対処できるのか？―　心理科学, *37*, 31–39.
河村 茂雄（1999）．学級崩壊から学ぶ　誠信書房
清永 賢二（2013）．いじめの深層を科学する　ミネルヴァ書房
国立教育政策研究所（2006）．生徒指導体制のあり方についての調査研究報告書―規範意識の醸成を目指して―　国立教育政策研究所　2006 年 5 月〈https://www.nier.go.jp/shido/centerhp/3-shu0803/ 200803-3shu.pdf〉
Krebs, D. L., & Denton, K. (2005). Toward a more pragmatic approach to morality: A critical evaluation of Kohlberg's model. *Psychological Review*, *112*, 629–649.
教育再生実行会議（2013）．いじめ問題等への対応について（第一次提言）〈http://www.kantei.go.jp/jp/singi/kyouikusaisei/pdf/dai1_1.pdf〉
文部科学省（2007）．平成 19 年度　文部科学白書〈http://www.mext.go.jp/ b_menu/hakusho/html/hpab200701/index.htm〉
住友 剛（2014）．「道徳の教科化」をめぐる教育政策の動向の再検討：「教科化」とは別の道徳教育を構想する必要性をめぐって　京都精華大学紀要, *44*, 85–102.

● 3部
1章

Deci, E. L., & Ryan, R. M. (2015). Optimizing students' motivation in the era of testing and pressure: A self-determination theory perspective. In W. C. Liu, J. C. K. Wang, & R. M. Ryan (Eds.), *Building autonomous learners: Perspectives from research and practice using self-determination theory* (pp.9-29). New York: Springer.

市原 学・新井 邦二郎 (2006). 数学学習場面における動機づけモデルの検討―メタ認知の調整効果― 教育心理学研究, *54*, 199-210.

村山 航 (2011). 日本の子どもの学ぶ意欲は低いのか―学習意欲を巡る3つの「思い込み」を吟味する― 大久保 智生・牧 郁子 (編) 実践をふりかえるための教育心理学―教育心理にまつわる言説を疑う (pp.27-40) ナカニシヤ出版

西村 多久磨・河村 茂雄・櫻井 茂男 (2011). 自律的な学習動機づけとメタ認知的方略が学業成績を予測するプロセス―内発的な学習動機づけは学業成績を予測することができるのか?― 教育心理学研究, *59*, 77-87.

岡田 涼 (2008). 友人との学習活動における自律的な動機づけの役割に関する研究 教育心理学研究, *56*, 14-22.

岡田 涼 (2012). 自律的な動機づけは学業達成を促すか―メタ分析による検討― 香川大学教育学部研究報告第I部, *138*, 63-73.

Otis, N., Grouzet, F. M., & Pelletier, L. G. (2005). Latent motivational change in an academic setting: A 3-Year Longitudinal Study. *Journal of Educational Psychology*, *97*, 170-183.

Patrick, B. C., Skinner, E. A., & Connell, J. P. (1993). What motivates children's behavior and emotion?: Joint effects of perceived control and autonomy in the academic domain. *Journal of Personality and Social Psychology*, *65*, 781-791.

嶋野 道弘 (2006). 生きる力と確かな学力 辰野 千壽・石田 恒好・北尾 倫彦 (監修) 教育評価事典 (p.102) 図書文化

Simpkins, S. D., Davis-Kean, P. E., & Eccles, J. S. (2006). Math and science motivation: A longitudinal examination of the links between choices and beliefs. *Developmental Psychology*, *42*, 70-83.

Taylor, G., Jungert, T., Mageau, G. A., Schattke, K., Dedic, H., Rosenfield, S., & Koestner, R. (2014). A self-determination theory approach to predicting school achievement over time: The unique role of intrinsic motivation. *Contemporary Educational Psychology*, *39*, 342-358.

2章

赤木 和重 (2017a). ユニバーサルデザインに基づく授業づくり再考 教育, *853*, 73-80.

赤木 和重 (2017b). アメリカの教室に入ってみた―貧困地区の公立学校から超インクルーシブ教育まで ひとなる書房

赤木 和重 (2018). 目からウロコ! 驚愕と共感の自閉症スペクトラム入門 全章研出版部

石垣 雅也 (2011). クラスの子どもたちや, 教師集団の理解をどうつくっていくか―通常学級における特別支援― 障害者問題研究, *39*, 68-71.

石垣 雅也（2016）.小学校における教育指導の実際と課題―合理的配慮に関わって―　日本特別ニーズ教育学会第22回研究大会発表要旨集, 26.

石川 晋（2016）.学校でしなやかに生きるということ　フェミックス

河村 茂雄（2005）.学級担任の特別支援教育―個別支援と一斉指導を一体化する学級経営―　図書文化

小貫 悟・桂 聖（2014）.授業のユニバーサルデザイン入門　東洋館出版社

水野 智美（2016）.はじめよう！障害理解教育―子どもの発達段階に沿った指導計画と授業例―　図書文化

曽山 和彦（2016）.「気になる子たち」理解教育のきほん　教育開発研究所

山本 真帆・赤木 和重（2017）.個別支援を必要とする児童に対する同学級児童の意識―他者からの受容感と授業場面を視点として　神戸大学大学院人間発達環境学研究科紀要, 10（2）, 221-230.

3章

有光 興記・藤澤 文（2015）.モラルの心理学―理論・研究・道徳教育の実践―　北大路書房

浜島 幸司（2006）.若者の道徳意識は衰退したのか　浅野 智彦（編）　検証・若者の変貌（pp.191-232）　勁草書房

磯部 美良・堀江 健太郎・前田 健一（2004）.非行少年と一般少年における社会的スキルと親和動機の関係　カウンセリング研究, 37, 15-22.

近藤 邦夫（1994）.教師と子どもの関係づくり　東京大学出版会

大久保 智生（2011）.現代の子どもや若者は社会性が欠如しているのか―コミュニケーション能力と規範意識の低下言説からみる社会―　大久保 智生・牧 郁子（編）　実践をふりかえるための教育心理学―教育心理にまつわる言説を疑う―（pp.113-128）　ナカニシヤ出版

大久保 智生（2018）.現代の子どもたちの「コミュニケーション能力低下」言説を検証する　体育科教育, 11月号, 12-15.

大久保 智生・中川 大暉（2014）.現代の子どもをめぐる言説の批判心理学的視点による検討―批判心理学はどのように量的調査を読み解いていくのか―　心理科学, 35, 8-17.

大久保 智生・西本 佳代（2016）.香川大学1年生の問題行動の実態―コンプライアンス教育のための実態把握―　香川大学教育研究, 13, 41-53.

大久保 智生・澤邉 潤・赤塚 佑果（2014）.「子どものコミュニケーション能力低下」言説の検証―小学生と大学生を対象とした調査から―　香川大学教育実践総合研究, 29, 93-105.

大野 晶子（2008）.いじめ加害者達の社会的スキルといじめ継続期間の関連　日本女子大学大学院人間社会研究科紀要, 14, 149-161.

澤邉 匡人・大久保 智生（2017）.中学生・高校生（青年期前半）の心理学　太田信夫（監）二宮 克美・渡辺 弥生（編）　シリーズ心理学と仕事　発達心理学（pp.105-123）　北大路書房

Sutton, J., Smith, P. K., & Swettenham, J.（1999）. Social cognition and bullying: Social inadequacy or skilled manipulation? *British Journal of Developmental Psychology*,

17, 435-450.
高橋 征仁（2003）．コールバーグ理論と道徳意識研究─規範意識における相対化と逸脱行動─　社会学研究, *74*, 27-58.
栃木県総合教育センター（2011）．栃木の子どもの規範意識調査（小・中・高）─本県児童生徒の規範意識の把握と望ましい指導の在り方─
山岸 明子（2002）．現代青年の規範意識の希薄性の発達的意味　順天堂大学医療短期大学紀要, *13*, 49-58.

4 章
荒木紀幸（2013）．モラルジレンマ教材でする白熱討論の道徳授業　中学校・高等学校編　明治図書
Araki, N. (2014). An application of Kohlberg's theory of moral dilemma discussion to the Japanese classroom and its effect on moral development of Japanese students. In L. Nucci, D. Narvaez, & T. Krettenauer (Eds.), *Handbook of moral and character education* (2nd ed., pp.308-325). New York and London: Routledge.
前田 治（2015）．道徳の授業における教師の悩みに関する研究　大学教育出版
永田 繁雄・藤澤 文（2010a）．「道徳教育に関する教育委員会を対象とした調査」結果報告書　東京学芸大学
永田 繁雄・藤澤 文（2010b）．「全国の大学・短大における教職科目「道徳の指導法」に関する調査」結果報告書　東京学芸大学
永田 繁雄・藤澤 文（2012）．道徳教育に関する小・中学校の教員を対象とした調査─道徳の時間への取組を中心として─　結果報告書　東京学芸大学
Senland, A., & Higgins-D'Alessandro, A. (2013). Moral reasoning and empathy in adolescents with autism spectrum disorder: Implications for moral education. *Journal of Moral Education, 42*, 209-223.
東京学芸大学総合的道徳教育プログラム（編）（2011）．新しい道徳教育　東洋館出版社
柄本 健太郎・藤澤 文（2015）．これまでの道徳教育, そしてこれからの道徳教育　有光 興記・藤澤 文（編）　モラルの心理学（pp.130-141）　北大路書房
渡邉 満・押谷 由夫・渡邊 隆信・小川 哲哉（2016）．「特別の教科　道徳」が担うグローバル化時代の道徳教育　北大路書房

5 章
安達 智子（2016）．今なぜ高校でキャリア教育が必要なのか　兵庫県キャリア教育担当者会講演（未刊行）
中央教育審議会（1999）．初等中等教育と高等教育との接続の改善について（答申）
Frey, C. B., & Osborne, M. A. (2013). *The future of employment: How susceptible are jobs to computerization*. Oxford University Programme on the Impacts of Future Technology.
Granovetter, M. S. (1995). *Getting a job: A study of contacts and careers* (2nd ed.). University of Chicago Press.（グラノヴェター, M. S.　渡辺 深（訳）（1998）．転職─ネットワークとキャリアの研究─　ミネルヴァ書房）
本田 由紀（2013）．社会的レリバンスの高い教育課程設計と評価のあり方について　育成

すべき資質・能力を踏まえた教育目標・内容と評価の在り方に関する検討会（第4回）配付資料1　文部科学省
兵庫県教育委員会（2014）．自立して未来に挑戦！　高等学校キャリアノート
児美川　孝一郎（2013）．キャリア教育のウソ　筑摩書房
Krumboltz, J. D., & Levin, A. S. (2004). *Luck is no accident: Making the most of happenstance in your life and career.* Atascadero, CA: Impact Publishers.（クランボルツ, J. D.・レヴィン, A. S.　花田　光世・大木　紀子・宮地　夕紀子（訳）（2005）．その幸運は偶然ではないんです！―夢の仕事をつかむ心の練習問題―　ダイヤモンド社）
文部科学省（2011）．小学校キャリア教育の手引き〔改訂版〕
大阪府教育委員会（2012）．キャリア教育の進め方サポートブック
下村　英雄（2013）．作っては壊し，壊しては作る　安達　智子・下村　英雄（編著）キャリアコンストラクションワークブック（pp.133-141）　金子書房
浦上　昌則（2010）．キャリア教育へのセカンド・オピニオン　北大路書房

● 4部

1章

井口　和美（2011）．新任教員の信念と職場の協働性がバーンアウトに与える影響　大阪教育大学教育学部第二部卒業論文（未刊行）
井原　啓裕・牧　郁子（2014）．教師の指導文化と協働性・ストレス反応との関連性　日本心理学会第78回大会発表論文集, 1111.
井原　啓裕・牧　郁子（2015）．教師の指導文化継承を促進するメカニズムの検討　日本教育心理学会総会発表論文集, 57.
今津　孝次郎（2000）．学校の協働文化―日本と欧米の比較―　藤田　英典・志水　宏吉（編）変動社会のなかの教育・知識・権力（pp.300-321）　新曜社
小林　正幸（1999）．なぜいまソーシャルスキルか　國分康孝（監修）　小林　正幸・相川　充（編著）ソーシャルスキル教育で子どもが変わる　小学校―楽しく身につく学級生活の基礎・基本―　図書文化
牧　郁子・荊木　まき子・榎阪　昭則・中條　佐和子・中林　伸子・平山　進・本城　章憲（2010）．教師における協働性と被援助志向性との関連性　日本心理学会第74回大会発表論文集, 1240.
西山　久子・淵上　克義・迫田　裕子（2009）．学校における教育相談活動の定着に影響を及ぼす諸要因の相互関連性に関する実証的研究　教育心理学研究, 57, 99-110.
四国新聞（2008）．去りゆく新人教員　四国新聞　11月29日朝刊
田村　修一・石隈　利紀（2001）．指導・援助サービス上の悩みにおける中学校教師の被援助志向性に関する研究―バーンアウトとの関連に焦点をあてて―　教育心理学研究, 49(4), 438-448.
油布　佐和子（1999）．教師集団の解体と再編―教師の「協働」を考える―　油布佐和子（編）シリーズ子どもと教育の社会学5　教師の現在・教職の未来―あすの教師像を模索する―（pp.52-70）　教育出版

2章

青木 栄一（2009）．教員の勤務時間はどう変わってきたか　高階 玲治（編）　子どもと向き合う時間の確保と教師の職務の効率化（pp.18-21）　教育開発研究所

青木 栄一（2015）．学校が健康で生き生きと働くことのできる職場となるために　岡山県教育時報 2015 年 10 月号, 4-7.

青木 栄一・神林 寿幸（2013）．2006 年度文部科学省「教員勤務実態調査」以後における教員の労働時間の変容　東北大学大学院教育学研究科研究年報, 62 (1), 17-44.

藤原 忠雄・古市 裕一・松岡 洋一（2009）．教師のストレスに関する探索的研究　教育実践学論集, 10, 45-56.

秦 政春・鳥越 ゆい子（2003）．現代教師の日常性（Ⅱ）　大阪大学教育年報, 8, 135-168.

神林 寿幸（2015）．周辺的職務が公立小・中学校教諭の多忙感・負担感に与える影響　日本教育経営学会紀要, 57, 73-93.

松井 豊・浦 光博（編著）（1998）．人を支える心の科学　誠信書房

中野 明徳・昼田 源四郎・飛田 操・初澤 敏生（2008）．中学校教師のストレスに関する日米比較　福島大学総合教育研究センター紀要, 4, 41-48.

佐藤 昭夫・朝長 正徳（編著）（1997）．ストレスの仕組みと積極的対応　藤田企画出版

諏訪 英広（2004）．教員社会におけるソーシャルサポートに関する研究　日本教育経営学会紀要, 46, 78-92.

諏訪 英広・高谷 哲也（2016）．小学校における目標管理の運用方法に関する事例研究　兵庫教育大学研究紀要, 49, 143-153.

鈴木 邦治（1993）．教師の勤務構造とストレス　日本教育経営学会紀要, 25, 69-82.

東京大学（2007）．教員の勤務実態調査（小・中学校）報告書（平成 18 年度文部科学省委託調査研究報告書）

東京大学（2008）．教員の業務の多様化・複雑化に対応した業務量統計調査手法の開発と教職員配置制度の設計（平成 19 年度文部科学省新教育システム開発プログラム報告書）

吉野 聡（2007）．都庁における職場復帰　こころの科学, 135, 41-46.

油布 佐和子（1995）．教師の多忙化に関する一考察　福岡教育大学紀要（第四分冊）, 44, 197-210.

油布 佐和子（2000）．"教師ストレス"を読み解く　教育と情報, 503, 8-13.

油布 佐和子（2010）．教職の病理現象にどう向き合うか　教育社会学研究, 86, 23-37.

3章

Holmes, T. H., & Rahe, R. H. (1967). The Social Readjustment Rating Scale. *Journal of Psychosomatic Research, 11*, 213-218.

神村 栄一・上野 昌弘（2015）．中 1 ギャップ―新潟から広まった教育の実践―　新潟日報事業社

金子 泰之（2009）．学校統廃合にともなう学校享受感と学校内問題行動の変化　日本発達心理学会第 20 回大会発表論文集, 285.

金子 泰之（2010）．統廃合後における学校享受感上昇群の教師関係と友人関係―小規模校出身の中学生に注目した分析―　日本教育心理学会第 52 回大会発表論文, 280.

国立教育政策研究所（2014）．生徒指導リーフ Leaf.15　中 1 ギャップの真実〈https://

www.nier.go.jp/shido/leaf/leaf15.pdf.〉
文部科学省（2017）．平成 27 年度児童生徒の問題行動等生徒指導上の諸問題に関する調査について〈http://www.mext.go.jp/b_menu/houdou/29/02/__icsFiles/afieldfile/2017/02/28/1382696_002_1.pdf〉
森 裕之（2016）．公共施設の再編を問う　自治体研究所
都筑 学（2005）．小学校から中学校にかけての子どもの「自己」の形成　心理科学, 25（2），1-10．
渡辺 弥生（2011）．子どもの「10 歳の壁」とは何か？　光文社

4 章

岩月 真也（2007）．学校現場における教員評価制度の展開—A 県と B 県の小学校の事例から—　日本教育社会学会大会発表要旨収録, 59, 163-164．
熊谷 一乗（1996）．現代教育制度論　学文社
村松 岐夫（1988）．地方自治　東京大学出版会
佐藤 全・松澤 杏（2002）．政策過程から見た教員評価制度の特質と課題　教育社会学研究, 72, 95-105．
諏訪 英広（2006）．教員評価施策に関する調査研究—小学校教員を中心に—　川崎医療福祉学会誌, 16（2），353-363．

5 章

Caplan, G. (1964). *Principles of preventive psychiatry*. Basic Books.（カプラン, G.　新福 尚武（監訳）(1970)．予防精神医学　朝倉書店）
文部科学省（2010）．学校安全参考資料「生きる力」をはぐくむ学校での安全教育（平成 22 年 3 月）
瀧野 揚三（2004）．危機介入に関するコーディネーション　学校心理士の実践　幼稚園・小学校編（pp.123-136）　北大路書房
上地 安昭（2003）．教師のための学校危機対応実践マニュアル　金子書房

事項索引

あ
アクティブ・ラーニング　10
アセスメント共有方略　38
新しいタイプの高校　44
安全管理　124
安全教育　124
いじめ　35, 52
一次予防　126

か
カウンセラー　34
カウンセリング　17, 34
学業成績　69
学習意欲　66, 67
学習支援　27
学習障害　72
学習方略　69
学級劇　21
学級集団の発達　23
　　――過程　23
学級としての協力　24
学級の荒れ　58
学級雰囲気　35
学級崩壊　58
学校行事　20
　　――の精選　23
学校恐怖症　41
学校経営　16
学校支援　27
　　――地域本部事業　27
学校週五日制　22
学校統廃合　113
学校と地域のパートナーシップ　29
学校とのつながり（school connectedness）　47

合唱コンクール　21
考え議論する道徳　84
環境移行　110
環境整備支援　27
観察する眼　49
感情労働　3
管理職のリーダーシップ　102
キー・コンピテンシー　9
危機　123
　　――管理　122
毅然とした対応　→ ゼロ・トレランス方式
規範意識　58, 78, 81
義務教育学校　111
キャリア　108
　　――教育　90
教員評価　116
教訓　122
教師　34
　　――間コミュニケーション　101
　　――の指導態度　37
　　――のストレス　104
　　――の多忙化　3
協働　29
　　――性　100
協同学習　6
クライシス・マネジメント　125
計画された偶発性理論　90
系統的な力の乱用　54
権力格差　56
交通安全　124
肯定的な行動支援プログラム　38
コーピング　106
個と集団の問題　59
コンサルテーション　17

さ

災害安全　124
三次予防　126
支援の多様化　43
自己決定理論　69
自己肯定感　55
仕事の内容（職務）　107
自己理解　93
自然教室　20
自尊心　55
　　——の変化　113
指導行動　2
自閉症スペクトラム障害　72
社会性　78
　　——と情動の学習によるプログラム　38
社会的スキル　38, 55, 78
　　——訓練　80
社会的ひきこもり　44
修学旅行　21
集団づくり　49
修復的実践　49
授業逸脱行動　37
授業時間数の確保　23
準拠枠　17
小1プロブレム　110
障害者差別解消法　72
障害理解教育　75
小集団での協力　24
小中一貫教育　112
職員室の雰囲気　98
人的ネットワーク　93
垂直的行政統制モデル　119
スクールソーシャルワーカー　37
ストレッサー　106
生活安全　124
精神疾患による病気休職　105
絶対評価　119
ゼロ・トレランス方式　46
総合的な学習の時間　22

相互協調性　56
相対評価　119
ソーシャルサポート　106
ソーシャルスキル　→　社会的スキル
ソーシャルボンド理論　44
組織活動　124

た

段階的指導　48
地域学校協働本部　28
地域住民とのコミュニケーション　30
地域との関係づくり　30
地域との連携　27
地域連携担当教職員　28
チーム学校　5, 37
中1ギャップ　110
注意欠如／多動性障害　72
動機づけ（motivation）　69
道徳　58
同僚性　49
「特別扱い」問題　73
特別活動　22
特別支援教育コーディネーター　34
特別の教科　道徳　84

な

内容項目　85
ニート　44
二次予防　126
人間関係形成能力　94
認知件数　52
ネグレクト　40

は

バーンアウト　3, 104
発達障害　40, 72
発達の最近接領域　18
非言語的なコミュニケーション　17
被受容感　75
人並みの追求　56

貧困　42
プライバタイゼーション（privatization: 私事化）　101
文化-感情混合過程モデル　56
文化祭　20
分業的協力　24
防災教育　122
母子分離不安説　41

ま
学び合い　6
メタ認知　9
モラルジレンマ討論　88
問題行動　62

や
やりたいこと　90
ユニバーサルデザインに基づく授業づくり　73
養護教諭　34
寄り添う　2

ら
ライフイベント　110
リスク　125
　——・マネジメント　125
リソース　43

人名索引

A

阿部　彩　47
安達智子　92
相川　充　38
赤木和重　73-76
赤田圭亮　23
赤塚佑果　79
青木栄一　108
新井邦三郎　69
新井　雅　38
荒木紀幸　88
Araki, N.　88
蘭　千壽　23, 24
有光興記　81
Aronson, E.　6
綾城初穂　49

B

Boulton, M. J.　35

C

カプラン, G.（Caplan, G.）
　123
Crick, N. R.　55
クローン, D. A.　38

D

Deci, E. L.　69
Denton, K.　61
Dodge, K. A.　55

E

江村早紀　2
遠藤由美　54

F

Fekkes, M.　35
Frey, C. B.　92
淵上克義　102
藤澤　文　81, 85-88
藤原忠雄　107

G

Gendon, B. P.　55
Good, T. L.　4
Granovetter, M. S.　94
Grouws, D. A.　4

H

浜島幸司　79
羽間京子　49
橋本和幸　37
秦　政春　108
Higgins-D'Alessandro, A.
　88
平井尚美　37
平木典子　17
Hitokoto, H.　56
Hochschild, A. R.　3
Holmes, T. H.　110
本田由紀　93
ホーナー, R. H.　38

I

市原　学　69
市川伸一　11
井口和美　101
井原啓裕　102
今津孝次郎　101
石垣雅也　73, 74

石川　晋　76
石隈利紀　17, 18, 24, 101
磯部美良　79
伊藤美奈子　44, 55
岩月真也　119

K

神村栄一　111
神林寿幸　108
金子泰之　61, 113, 114
金綱知征　54, 56
加藤弘通　49, 59, 61
桂　聖　73
河村茂雄　4, 61, 75
岸野麻衣　12
Kitayama, S.　55
清永賢二　60
小林正幸　101
小出俊雄　23
小泉令三　38
児美川孝一郎　92
小室庄八　4
近藤邦夫　82, 83
小貫　悟　73
Krebs, D. L.　61
クルンボルツ, J. D.　90
紅林伸之　49

L

レヴィン, A. S.　90

M

前田和寛　2
前田　治　86
牧　郁子　101, 102

松井　豊　　　　106
松本俊彦　　　　48
松嶋秀明　　　　48, 50
松浦　均　　　　2
松澤　杏　　　　119, 120
三隅二不二　　　5
水野治久　　　　35, 37
水野智美　　　　75
森　裕之　　　　112
森下沙織　　　　2
森田洋司　　　　38, 41, 44
村中哲之助　　　49
村山　航　　　　67

N
永田茂雄　　　　85-88
中川大暉　　　　80
中野明徳　　　　104
西本佳代　　　　79
西村多久磨　　　69, 70
西山久子　　　　102

O
小川哲哉　　　　88
岡田　涼　　　　69
奥地圭子　　　　41
大河原美以　　　16
大久保智生　　　2, 49, 79-82
大西彩子　　　　53
大野晶子　　　　55, 79
大迫静輝　　　　23
太田正義　　　　49, 59, 61
Osborne, M. A.　92
押谷由夫　　　　88
Otis, N.　　　　69

P
Patrick, B. C.　　69

R
Rache, R. H.　　110
Ryan, R. M.　　69

S
迫田裕子　　　　102
Salmivalli, C.　　49, 56
佐藤　全　　　　119, 120
佐藤昭夫　　　　106
佐藤正二　　　　38
佐藤修策　　　　41
澤邉　潤　　　　79
澤田匡人　　　　81
Sawada, M.　　　56
Senland, A.　　　88
Sharp, S.　　　　54
嶋野道弘　　　　67
下村英雄　　　　94
Simpkins, S. D.　70
Smith, P. K.　　54
曽山和彦　　　　75
杉江修治　　　　6
住友　剛　　　　58
Sutton, J.　　　　55, 79
諏訪英広　　　　104, 116, 117
鈴木大裕　　　　47
鈴木邦治　　　　108
鈴木庸裕　　　　21
庄司一子　　　　38

T
高橋征仁　　　　81
高谷哲也　　　　104
武市　進　　　　23
滝川一廣　　　　41
玉瀬耕治　　　　17
田村節子　　　　18
田村修一　　　　101

樽木靖夫　　　　23, 24
Taylor, G.　　　69
戸田有一　　　　56
朝長正徳　　　　106
鳥越ゆい子　　　108
柄本健太郎　　　85
都筑　学　　　　113

U
Uchida, Y.　　　55
上野昌弘　　　　111
浦　光博　　　　106
浦上昌則　　　　91
内海新祐　　　　48

V
ヴィゴツキー, L. S.　18

W
渡部邦雄　　　　23
渡辺　位　　　　41
渡邉　満　　　　88
渡邊隆信　　　　88
渡辺弥生　　　　111
Williams, M.　　49
Winslade, J.　　49

Y
山岸明子　　　　81
山本宏樹　　　　47
山本和郎　　　　17
山本真帆　　　　75
山本　渉　　　　37
吉野　聡　　　　106
吉住隆弘　　　　47
弓削洋子　　　　5, 6, 37
油布佐和子　　　101, 104

【執筆者一覧】（執筆順，＊は編者）

弓削洋子（ゆげ・ようこ）
愛知教育大学教育学部教授
担当：1部1章

岸野麻衣（きしの・まい）
福井大学大学院福井大学・奈良女子大学・岐阜聖徳学園大学連合教職開発研究科准教授
担当：1部2章

宮下　哲（みやした・さとし）
信州大学教育学部附属松本中学校副校長
担当：1部2章コラム

家近早苗（いえちか・さなえ）
大阪教育大学大学院連合教職実践研究科教授
担当：1部3章

姫野涼子（ひめの・りょうこ）
堺市立登美丘西小学校教諭
担当：1部3章コラム

樽木靖夫（たるき・やすお）
千葉大学教育学部教授
担当：1部4章

時岡晴美（ときおか・はるみ）
香川大学教育学部教授
担当：1部5章

平田俊治（ひらた・しゅんじ）
赤磐市立高陽中学校校長
担当：1部5章コラム

水野治久（みずの・はるひさ）
大阪教育大学教育学部教授
担当：2部1章

伊藤美奈子（いとう・みなこ）
奈良女子大学研究院生活環境科学系教授
担当：2部2章

松嶋秀明（まつしま・ひであき）
滋賀県立大学人間文化学部教授
担当：2部3章

澤田匡人（さわだ・まさと）
学習院女子大学国際文化交流学部准教授
担当：2部4章

日向野　勝（ひがの・まさる）
栃木県立宇都宮中央女子高等学校校長
担当：2部4章コラム

加藤弘通（かとう・ひろみち）
北海道大学大学院教育学研究院准教授
担当：2部5章

渡邉　仁（わたなべ・じん）
北海道大学大学院教育学院博士前期課程
北海道立高等学校定時制教諭
担当：2部5章コラム

岡田　涼（おかだ・りょう）
香川大学教育学部准教授
担当：3部1章

江村早紀（えむら・さき）
神戸市立西灘小学校教諭
担当：3部1章コラム

赤木和重（あかぎ・かずしげ）
神戸大学大学院人間発達環境学研究科准教授
担当：3部2章（共著）

古村真帆（こむら・まほ）
元・神戸大学大学院人間発達環境学研究科博士前期課程院生
担当：3部2章（共著）

中村　力（なかむら・ちから）
神戸市立向洋小学校教諭
担当：3部2章コラム

大久保智生（おおくぼ・ともお）*
香川大学教育学部准教授
担当：3部3章

尾﨑沙織（おざき・さおり）
香川丸亀養護学校教諭
担当：3部3章コラム

藤澤　文（ふじさわ・あや）
鎌倉女子大学児童学部准教授
担当：3部4章

安達智子（あだち・ともこ）
大阪教育大学教育学部准教授
担当：3部5章

牧　郁子（まき・いくこ）*
大阪教育大学教育学部教授
担当：4部1章

井原啓裕（いはら・よしひろ）
柏原市立堅上中学校教頭
担当：4部1章コラム

高木　亮（たかぎ・りょう）
就実大学教育学部准教授
担当：4部2章

金子泰之（かねこ・やすゆき）
静岡大学教職センター講師
担当：4部3章

高松みどり（たかまつ・みどり）
大阪教育大学教育学部准教授
担当：4部4章

瀧野揚三（たきの・ようぞう）
大阪教育大学学校危機メンタルサポートセンター教授
担当：4部5章

本多　環（ほんだ・たまき）
福島大学うつくしまふくしま未来支援センター特任教授
担当：4部5章コラム

教師として考えつづけるための教育心理学
多角的な視点から学校の現実を考える

2018 年 12 月 20 日　初版第 1 刷発行　　（定価はカヴァーに表示してあります）

　　　　編　者　大久保智生
　　　　　　　　牧　　郁子
　　　　発行者　中西　　良
　　　　発行所　株式会社ナカニシヤ出版
　　　　〒606-8161 京都市左京区一乗寺木ノ本町 15 番地
　　　　　　　　　　　Telephone　075-723-0111
　　　　　　　　　　　Facsimile　075-723-0095
　　　　　　　Website　http://www.nakanishiya.co.jp/
　　　　　　　E-mail　iihon-ippai@nakanishiya.co.jp
　　　　　　　　　　　郵便振替　01030-0-13128

装幀＝白沢　正／本文挿絵＝渡邊摩子／印刷・製本＝ファインワークス
Copyright ⓒ 2018 by T. Okubo & I. Maki
Printed in Japan.
ISBN978-4-7795-1292-6

◎本書のコピー，スキャン，デジタル化等の無断複製は著作権法上での例外を除き禁じられています。本書を代行業者等の第三者に依頼してスキャンやデジタル化することはたとえ個人や家庭内の利用であっても著作権法上認められておりません。